Lohmann
Maria Lohmanns
Säure-Basen-Kochbuch

Maria Lohmann ist Heilpraktikerin, Medizinjournalistin und Buchautorin. Schwerpunkt ihrer Tätigkeit ist seit über 25 Jahren die Naturheilkunde einschließlich gesunder Ernährung. Einen wesentlichen Gesundheitsfaktor sieht sie im Gleichgewicht des Säure-Basen-Haushalts. Aus ihrem eigenen turbulenten Berufs- und Familienleben weiß sie, wie schnell sich ein Säureüberschuss im Körper einschleichen kann: Stress, zu wenig Bewegung, der schnelle Griff zu ungesundem Essen – das bleibt nicht ohne Folgen. Mit diesem Buch liefert sie die besten Strategien und Rezepte dafür, auch im stressigen Alltag das Säure-Basen-Gleichgewicht wiederherzustellen. Maria Lohmann hat bereits zahlreiche medizinische Bücher und Ratgeber zu verschiedenen Gesundheitsthemen veröffentlicht.

Maria Lohmann

Maria Lohmanns Säure-Basen-Kochbuch

Der Klassiker mit über 140 einfachen Rezepten
zum Entgiften und Wohlfühlen

TRIAS

Das Rezept zum Coverfoto finden Sie auf Seite 117

Liebe Leserin,
lieber Leser,

mit diesem Buch möchte ich den Beweis antreten, dass man abwechslungs-
reich kochen, genussvoll essen und gleichzeitig etwas Gutes für seine Gesundheit tun kann. Wie wäre es zum Beispiel mit geschäumter Sojamilch
mit Kirschsaft, wärmendem Dinkelporridge mit Kokos, basischer Möhrencreme mit Petersilie und Chili, Schlemmer-Burgern oder Bircher-Kartoffeln
vom Blech mit Avocado-Salsa? All diese Rezepte schmecken so lecker, wie sie
sich anhören, entlasten aber dennoch den Stoffwechsel und liegen ganz klar
im Basenplus. Selbst auf die geliebte Pasta, auf Fleisch und Fisch oder feine
Desserts müssen Sie nicht verzichten – die geschickte Kombination macht es
möglich.

Viele gesundheitliche Störungen kommen nicht aus heiterem Himmel, sondern resultieren aus einem aus der Balance geratenen Säure-Basen-Haushalt.
Oft merken wir dieses Ungleichgewicht nur in Nuancen oder an unspezifi-
schen Beschwerden, sei es mangelnde Energie, empfindliche Haut, Sodbrennen und Aufstoßen, gestörter Schlaf, Nervosität und Angespanntheit oder
Kopfschmerzen.

Dieses Buch unterstützt Sie dabei, Ihren Säure-Basen-Haushalt sanft auszu-
gleichen und sich rundum wohlzufühlen. Dabei lässt sich zu jeder Zeit und in
verschiedenem Umfang etwas tun, um den Säurepegel zu reduzieren. In diesem Buch finden Sie unterschiedlich intensive Möglichkeiten. Bei jedem der
über 140 Gerichte zeigen Ihnen die Basensterne, welches der Rezepte stark
basenbildend, leicht basenbildend oder neutral ist. Eine kurze Einführung in
die Grundlagen der Säure-Basen-Theorie, detaillierte Lebensmitteltabellen
und praktische Tipps für unterwegs runden dieses Buch ab.

Maria Lohmann

Mein 3-Sterne-Basentag

Sie möchten Ihrem Körper etwas Gutes tun und sauren Ballast abwerfen? Mit einem 3-Sterne-Basentag gelingt beides. Kleiner Aufwand – große Wirkung!

Morgens
Basenbowl

Basenwert: ★★★
Für 2 Personen
⊘ 5 Min.

2 Tassen Mandelmilch • 1 gefrorene Banane • 2 Tassen gefrorene Beeren • 2 EL probiotischer Bio-Joghurt

● Alle Zutaten im Mixer cremig rühren.

● In eine Schüssel füllen und nach Belieben mit Erdbeeren, Blaubeeren, ungesüßtem Kakaopulver, Kokosflocken und Weizenkeimen anrichten.

Nährwerte pro Person
160 kcal • 3 g E • 6 g F • 22 g KH

Mittags
Gemüseragout im Wok

Basenwert: ★★★
Für 2 Personen
⊘ ca. 25 Min.

500 g Gemüse wie Möhren, Bohnen oder Kohl (nach Saison) • 2 Kartoffeln • 2 EL Olivenöl • Kräutersalz • Pfeffer • 1 Bund Schnittlauch

● Das Gemüse putzen, waschen und in kleine Würfel schneiden.

● Die Kartoffeln schälen und ebenfalls in kleine Würfel schneiden.

● Öl erhitzen, Gemüse und Kartoffeln darin gar dünsten. Mit Kräutersalz und Pfeffer abschmecken.

● Schnittlauch abbrausen, trocken tupfen und in kleine Röllchen schneiden. Über das Ragout streuen.

Nährwerte pro Person
235 kcal • 6 g E • 13 g F • 23 g KH

Abends

Heißgeliebte Spargelsuppe

Basenwert: ★★★
Für 1–2 Personen
⊘ 15 Min.

1 Bund grüner Spargel • 1 EL Olivenöl • 500 ml
Gemüsebrühe • Meersalz • Pfeffer • Curry •
Paprika • 1 Spritzer Zitrone

● Spargel waschen und putzen, in Stücke schneiden.

● Öl in einem Topf erhitzen, Spargel darin anbraten.
Mit Gemüsebrühe auffüllen. Aufkochen und bei geringer Hitze köcheln, bis der Spargel gar ist.

● Suppe fein pürieren und mit den Gewürzen abschmecken. Mit frischen Kräutern, z. B. Kerbel, bestreuen.

Nährwerte pro Person
105 kcal • 4 g E • 7 g F • 5 g KH

Warum so sauer?

Kaum Bewegung und auf dem Teller viel Fleisch, Käse und Süßes? Aus Säure-Basen-Sicht ist das keine gute Idee. Machen Sie es besser!

Unser Säure-Basen-Haushalt

Säuren und Basen im Körper sollten sich in Balance befinden. Heutzutage besteht bei den meisten Menschen aber ein Säureüberschuss. Dem kann man mit einer basenreichen Ernährung entgegenwirken.

Durch die vielen säuernden Nahrungsmittel, die wir essen, entstehen im Organismus natürlicherweise permanent neue Säuren, die entsorgt werden müssen. Diese Säurelast wird der Körper nur wieder los, wenn er genug Basen zu Verfügung hat. Und an diesen mangelt es sehr oft.

Die dynamische Balance von Säuren und Basen

Die Regulation des Säure-Basen-Haushaltes steht niemals still. Ohne dass wir es merken, ist der Körper Tag und Nacht im Einsatz, um ein dynamisches Gleichgewicht von Säuren und Basen herzustellen. Dabei muss er sich permanent mit einer wechselnden Menge von Säuren und Basen auseinandersetzen, je nachdem wie viel Säuren ihm über die Nahrung zugeführt werden und welche Säuren im Stoffwechsel anfallen. Da der Säure-Basen-Haushalt an der Grundregulation von Atmung, Kreislauf, Verdauung und Zellstoffwechsel beteiligt ist, bilden sich in jedem Körper ständig Säuren: Kohlensäure bei der Atmung. Gärungssäuren durch eine gestörte Verdauung, Milchsäure bei schwerer Muskelarbeit und Harnsäure beim Abbau von Körperzellen. Hinzu kommen Aminosäuren, Fettsäuren wie die Arachidonsäure sowie schwefel- und phosphathaltige Säuren, die wir direkt mit der Ernährung aufnehmen, oder die bei der Verstoffwechselung der Nahrung entstehen. Diese Säuren werden in Blut, Darm, Nieren und über die Haut neutralisiert.

Was der pH-Wert aussagt

Der pH-Wert ist ein Maß für die Säurestärke. Er wird berechnet nach der Wasserstoffionen-Konzentration einer Lösung. Die Skala reicht von 0 bis 14 (7 = neutral, unter 7 = sauer, über 7 = basisch). Je niedriger also der pH-Wert, desto saurer ist eine Lösung.

Im menschlichen Körper bestehen in verschiedenen Flüssigkeiten unterschiedliche pH-Werte. Während beispielsweise im Ma-

Unsere Großeltern kannten noch keine Übersäuerung

Noch fast bis zur Mitte des letzten Jahrhunderts war der Säure-Basen-Haushalt für die meisten Menschen kein Thema, mit dem sie sich beschäftigt hätten. Erst mit sich immer schneller und stärker verändernden Lebensbedingungen und der veränderten Zusammensetzung unserer Ernährung hat sich das gewandelt. Tierische Nahrungsmittel und andere Säurebildner machten vor etwa 200 Jahren maximal 15 % der Gesamtenergiezufuhr aus. Heute sind es im Durchschnitt etwa 40 %, mit denen der Organismus fertigwerden muss. Und wer in früheren Zeiten gelegentlich säurereich gegessen hatte, konnte das rasch wieder ausgleichen: Durch körperliche Arbeit, wie sie damals die meisten Menschen ausübten, wurden Säuren rasch wieder ausgeschwitzt. Das ist heute anders.

gen der pH-Wert bei etwa 1 liegt (extrem sauer) und der Speichel nahezu neutral ist, muss das Blut unbedingt in einem leicht alkalischen Bereich von 7,35 liegen, damit alle biochemischen Reaktionen richtig funktionieren können. Besonders wichtig ist dafür der Bicarbonatpuffer des Blutes, der die Säuren abfängt bzw. neutralisiert.

Einen Mangel an Säuren gibt es im Normalfall nicht, da sie unmittelbar im Stoffwechsel entstehen. Im Gegensatz zu den Basen, die der Körper nicht produzieren kann: Er ist darauf angewiesen, dass sie von außen – über Nahrung und Getränke – zugeführt werden.

Säuren sind chemische Verbindungen, die in Wasser gelöste, positiv geladene Wasserstoff-Ionen (H^+) abspalten können. Basen sind Verbindungen, die in Wasser gelöste, negativ geladene Hydroxyl-Ionen (OH^-) freisetzen können.

Damit Säuren ausgeschieden werden können, müssen sie an Basen gebunden sein. Basen sind vor allem mineralische Stoffe wie Kalium, Kalzium, Magnesium und Ei-

sen. Säurebildend wirken Elemente wie Phosphat, Schwefel und Chlor.

Eine Übersäuerung verläuft schleichend

Körpereigene Puffersysteme schützen den Organismus vor Übersäuerung. Funktioniert das Puffersystem des Blutes, die Säureausscheidung über Atmung, Darm und Haut und arbeiten die Nieren einwandfrei, so wird der Körper mit einer säurereichen Mahlzeit bzw. mit einer vorübergehenden Säureflut gut fertig. Bei einseitiger säurebetonter Ernährung und weiteren ungünstigen Einflüssen, z. B. einem gestörtem Verdauungssystem (Säuren entstehen auch durch Gärung im Darm), verschiebt sich allerdings leicht die Säure-Basen-Balance.

Übersäuerung ist die Folge. Darunter verstehen Experten die schleichende oder unterschwellige Übersäuerung (latente Azidose) des Gewebes und nicht eine Azidose des Blutes im klinischen Sinn. Während der pH-Wert des Blutes im sehr engen Bereich um 7,35 unbedingt stabil bleiben muss, sind beim pH-Wert des Bindegewebes größere Schwankungen möglich.

Säuredeponien im Bindegewebe

Der Säureforscher Friedrich F. Sander hat bereits um 1950 beschrieben, wie Säuren unseren Körper belasten. Auf ihn geht auch der Begriff »latente Azidose« zurück. In diesem Zustand sind die basischen Pufferreserven im Blut teilweise reduziert, ohne dass schon messbare Veränderungen des pH-Wertes nachweisbar sind.

Bei permanenter Säurebelastung sind die Mineralreserven bald aufgebraucht. Jetzt passiert zweierlei: Einerseits muss der Körper nun seinen Knochen und Muskeln die gespeicherten basischen Mineralien (Magnesium, Kalzium) entziehen, um die überschüssigen Säuren zu binden. Für die Knochenstabilität kann das sehr ungünstig sein. In der naturheilkundlich orientierten Medizin stuft man die Osteoporose (Knochenschwund) deshalb auch als eine Art »Säurekrankheit« ein. Stark vereinfacht heißt es: »Die Säure frisst den Kalk«, denn der über-

Die Basenreserven werden verbraucht

In erster Linie sind es Mineralstoffe, die der Körper zum Abpuffern von überschüssigen Säuren einsetzt. Bei einer chronischen Säurebelastung benutzt er seine Basenreserven zum Ausgleich. Die Vorräte an Natrium, Kalzium, Magnesium, Eisen und Kalium gehen bei einer Übersäuerung nach und nach verloren und werden für die Bindung von Säuren herangezogen.

säuerte Körper braucht das Kalzium, um Säuren zu neutralisieren.

Andererseits ist der Körper jetzt gezwungen, überschüssige Säuren und Stoffwechselrückstände aus dem Säuren-Basen-Stoffwechsel im Bindegewebe als »Sondermüll« abzulagern. Die Folge ist eine enorme Gewebesäuerung. Die natürlichen Verhältnisse im Bindegewebe werden nachhaltig gestört, die Versorgung der Zellen und des Gewebes mit Sauerstoff und Nährstoffen beeinträchtigt. Säurehaltige Ablagerungen behindern die Ernährung und innere Reinigung der Zellen.

Das Wohlbefinden ist beeinträchtigt

Ein gestörter Säure-Basen-Haushalt beeinträchtigt unser gesamtes Befinden. Häufig tauchen unspezifische Beschwerden auf, die mit dem Säure-Basen-Haushalt zunächst gar nicht in Verbindung gebracht werden. Wer sieht schon gleich einen Zusammenhang zwischen Energiemangel, gestörtem Schlaf, einer erhöhten Allergiebereitschaft und einer Säure-Basen-Dysbalance?

In der Säureforschung weiß man jedoch schon lange, dass folgende Beschwerden in Verbindung mit einem gestörten Säure-Basen-Haushalt stehen können: Antriebslosigkeit, Müdigkeit, brüchige Nägel, Haarausfall, empfindliche Haut, Muskelverspannungen, saures Aufstoßen, Sodbrennen oder Bindegewebsschwäche, um nur einige zu nennen. Es ist wichtig, die eigentliche Ursache anzugehen und nicht nur die Symptome zu behandeln. Wer beispielsweise Sodbrennen nur mit synthetischen Anti-Säure-Medikamenten abblockt, wird die eigentliche Übersäuerung nicht auflösen.

Unser Ziel: Basenreserven aufbauen, Säuren loswerden

Unser Körper funktioniert am besten, wenn alle biochemischen Prozesse im richtigen Milieu ablaufen. Dann fühlen wir uns einfach am wohlsten. Eine Voraussetzung dafür, die wir selbst schaffen können, ist die Balance im Säure-Basen-Haushalt. Die beste Möglichkeit ist eine basenreiche bzw. basenüberschüssige Ernährung. Damit legen wir Basenreserven im Organismus an, die Säureattacken leicht abwehren können. Überschüssige Säuren können so von den Basen direkt abgefangen werden und den Körper rasch wieder verlassen, ohne ihn zu belasten. Basische Ernährung vitalisiert, Sie fühlen sich rundherum wohl und vielerlei Beschwerden verschwinden praktisch wie von selbst.

Unser gesamtes Wohlbefinden hängt von vielen Faktoren ab, die wir teilweise nicht unbedingt beeinflussen können. Manche

Psyche und Nervensystem können betroffen sein

Weil der Säure-Basen-Haushalt zu den übergeordneten Grundregulationssystemen des Körpers gehört, ist es möglich, dass ganz verschiedene Bereiche wie Haut, Psyche oder Verdauung von der Dysbalance betroffen sind. Sogar das vegetative Nervensystem (das unserem Willen nicht unterliegt) mit seinen Gegenspielern Sympathikus und Parasympathikus wird aus dem Gleichgewicht gebracht. Andererseits bilden sich durch innere Anspannung vermehrt Adrenalin und Stresssäuren.

jedoch unterliegen unserer eigenen Kontrolle und unserem Willen: Dazu gehört die Ernährung, mit der wir den Säure-Basen-Haushalt ganz entscheidend beeinflussen können.

9 Fragen rund um den Säure-Basen-Haushalt

Worauf muss ich bei Lebensmitteln achten, warum gibt es widersprüchliche Aussagen zu deren Säure-Basen-Gehalt und was sind die einheitlichen Prinzipien der Basen-Küche? Hier erfahren Sie, was wirklich stimmt ...

Welchen Effekt haben sauer schmeckende Nahrungsmittel im Stoffwechsel? Ob ein Nahrungsmittel basisch ist oder nicht, können wir nicht schmecken. Denn der Geschmack sagt nichts darüber aus, wie das Nahrungsmittel im Körper verstoffwechselt wird. So schmecken Zitronen oder Grapefruits zwar sauer, wirken aber im Stoffwechsel basenbildend.

Sauerkraut und Apfelessig wirken ähnlich. Entscheidend ist, welche Stoffwechselprodukte beim Abbau entstehen und ob sie im Körper als Basenspender wirken. Reife Früchte, auch wenn sie säuerlich schmecken, enthalten genügend Mineralstoffe, um ihre Säuren zu neutralisieren.

Warum widersprechen sich die Angaben zum Säure-Basen-Gehalt häufig? In der Literatur zur Säureforschung finden sich verschiedene Säure-Basen-Tabellen, die zum Teil unterschiedliche bzw. widersprüchliche Angaben zum Säure-Basen-Potenzial eines Nahrungsmittels machen. Dazu muss man wissen, dass diese Tabellen eine gute und wichtige Orientierung bieten, dass aber Nahrungsmittel keine fixe Größe mit immer gleichen Inhaltsstoffen sind, insbesondere was den Mineralgehalt angeht.

Die Basenwertigkeit unserer Lebensmittel hängt wesentlich von Anbaubedingungen, Bodenqualität, Erntezeitpunkt und Lagerung ab. Aus diesem Grund sind am Baum oder Strauch reif geerntete Früchte von hoher Basenqualität, unreife Früchte dagegen sauer. Auch die Zubereitungsart spielt eine Rolle. Dämpfen und andere schonende Garmethoden sind günstiger als langes Kochen oder Frittieren, bei dem viele Mineralstoffe verloren gehen.

Kommt es bei der Einstufung nur auf die Säurehaltigkeit des Lebensmittels an? Nicht zuletzt ist entscheidend, wie ein Nahrungsmittel im Organismus aufgenommen und verstoffwechselt wird. Zucker ist dafür ein gutes Beispiel. Er enthält an sich kaum Säuren bzw. wird in manchen Tabellen als wenig säuernd bis hin zu neutral eingestuft. Er belastet den Körper aber bei seiner Umwandlung im Stoffwechsel erheblich mit Säuren.

Säureforscher haben heute vor allem isolierte Kohlenhydrate wie weißen Zucker oder Weißmehl im Verdacht, die Übersäuerung des Gewebes zu beschleunigen.

Entspricht eine vegetarische Ernährung den Prinzipien der Basen-Küche? In der vegetarischen Ernährung wird auf Fleisch, Wurst und Fisch verzichtet. Das sind genau die Nahrungsmittel, die aufgrund ihres hohen Eiweißgehaltes stark säuernd wirken. Insofern ist vegetarische Ernährung grundsätzlich basisch ausgerichtet. Allerdings wird in der vollwertigen Küche sehr viel Getreide verwendet. So haben Dinkel, Roggen & Co. zwar sehr viele gesunde Inhaltsstoffe (z. B. Kalium, Magnesium, Ballaststoffe), doch sie haben einen Nachteil: Sie wirken säurebildend.

Nach den Säure-Basen-Tabellen haben Vollkorn, Vollkornreis und Hülsenfrüchte (paradoxerweise) sogar mehr Säurepotenzial als Weißmehl oder geschälter Reis. Doch das Säurepotenzial ist ja nicht das einzige Kriterium dafür, die Wertigkeit eines Nahrungsmittels zu beurteilen. Aus ernährungswissenschaftlicher Sicht sind Vollkornprodukte wegen ihrer wertvollen Inhaltsstoffe grundsätzlich Auszugsmehl vorzuziehen und bekommen von den Säureforschern deshalb eine neutrale oder positive Bewertung. Um die Basen-Balance zu halten, sollten Vegetarier öfter Getreide gegen Kartoffeln austauschen oder mit viel frischem Gemüse zubereiten.

Viele Vegetarier essen auch gerne Süßes und Käse – beides sehr säurereiche Lebensmittelgruppen. Eine gute Alternative sind leckere basische Brotaufstriche sowie Trockenfrüchte, Mandeln und Desserts mit natürlicher Süße. Mandeln und Nüsse haben allerdings einen hohen Fettgehalt.

Was kann man tun, wenn man an einem Tag sehr viele Säuren zugeführt hat? Eine gesunde Balance herzustellen braucht seine Zeit. Dennoch können Sie sich mit bestimmten Nahrungsmitteln schnell besser fühlen. Hier bekommt der Körper hochwertige Basen als Sofortprogramm und zur Neutralisation: z. B. getrocknete Feigen, Gurken (z. B. Gurkenmousse, Seite 65), eine Basensuppe oder die altbewährte Gemüsebouillon (Seite 69). Quellwasser oder ein basisches Heilwasser helfen ebenfalls beim Ausgleich der Säurelast.

Kann ich mit den Rezepten im Säure-Basen-Kochbuch abnehmen? Mittel- und langfristig auf jeden Fall. Besonders erfolgreich ist Ihr Vorhaben, wenn Sie regelmäßig jede Woche einen Entlastungstag einlegen. Ihr Körpergewicht pendelt sich mit der Zeit ganz natürlich auf Ihr persönliches Wohlfühlgewicht ein.

Wie schnell beeinflussen Ernährung und Verhalten die Säure-Basen-Balance? Jedes Mal, wenn wir basenüberschüssig essen, reines (Quell-)Wasser trinken, uns körperlich bewegen, sportlich betätigen (am besten Ausdauersport) oder Stress abbauen, geben wir dem Körper die Möglichkeit, sich von Säuren, die im Bindegewebe »geparkt« sind, zu befreien. Jede dieser Maßnahmen zahlt also auf das Basenkonto ein. Ideal ist eine Ernährung mit 80 % Basenspendern und 20 % säurelastigen Nahrungsmitteln. Wegen des hohen Anteils tierischen Eiweißes ist dieses Verhältnis aber bei vielen Menschen umgekehrt oder stark verschoben.

Eine Übersäuerung lässt sich am besten durch eine basenreiche Ernährung ausgleichen, die allerdings langfristig angelegt sein sollte. Der Körper blüht regelrecht auf, wenn er entsäuert und gut mit Basen versorgt wird. Viele Menschen fühlen sich schon nach wenigen Wochen besser. Und so allerlei Beschwerden wie Abgeschlagenheit, Verspannungen oder Rückenschmerzen verschwinden. Die unterstützende Einnahme von Basenpräparaten kann vorübergehend sinnvoll sein.

Wie kann man den Säure-Basen-Haushalt messen? Für die Messung des Säure-Basen-Haushaltes werden verschiedene Blut- und Urinuntersuchungen angeboten. Die einfachste und günstigste Methode ist die Bestimmung des Urin-pH-Wertes, der stark von unserer Ernährung abhängt.

Mit Indikatorstreifen aus der Apotheke kann man selbst mehrmals am Tag den Urin untersuchen. Am Morgen werden sehr viele Säuren ausgeschieden, sodass der pH-Wert zu diesem Zeitpunkt im sauren Bereich unter 7 (7 = neutral) liegt. Fleischreiche Ernährung verschiebt den Urin weiter in den sauren Bereich, viel Gemüse und Obst mehr in den basischen Bereich. Bei wiederholten Messungen am Tage liegen die Werte nach basenreichen Mahlzeiten im Normalfall über 7. Wenn der pH-Wert hingegen ständig im sauren Bereich liegt, kann dies auf eine Blockade im Säure-Basen-Haushalt hinweisen. Dann sollte die Ernährung unbedingt umgestellt und basenorientiert gekocht werden.

Diese Messungen liefern nur grobe Hinweise über die Ausscheidung von Säuren; sie sagen jedoch nichts über den Säurezustand im Bindegewebe aus. Aufwendigere Untersuchungen bieten der Arzt oder Heilpraktiker an. Dazu gehört beispielsweise die Untersuchung der Pufferkapazitäten im Blut (nach Jörgensen). Sie soll Auskunft über den Säurezustand der Zellen liefern. Verminderte Pufferkapazitäten weisen auf eine Übersäuerung hin. Viele Therapeuten wenden zudem noch andere Tests wie etwa den Azidosegriff nach Dr. Collier an. Dabei werden Hautfalten an verschiedenen Körperstellen gebildet, deren Konsistenz Rückschlüsse auf den Grad der Übersäuerung ermöglichen soll.

Mit welchen positiven Auswirkungen kann ich bei einer basenreichen Ernährung rechnen? Eine basische Ernährung hat Einfluss auf viele Funktionen des Körpers und ist eine einfache Methode, den Körper wirkungsvoll und nachhaltig zu entlasten. Von einem ausgeglichenen Säure-Basen-Haushalt profitieren außerdem alle, die unter funktionellen Beschwerden leiden: Ob Schlafstörungen, Kopfschmerzen, Nervosität, Abwehrschwäche, bleierne Müdigkeit, Erkältungsneigung, Antriebsschwäche, Konzentrationsschwäche, Anfälligkeit für Rückenschmerzen – eine Entsäuerung entzieht vielen Beschwerden die krank machende Grundlage.

Gesunde basische Ernährung fördert nachhaltig Entspannung und Wohlbefinden, verbessert den Stoffwechsel, stärkt das Immunsystem und kann sogar den Insulinstoffwechsel normalisieren. Durch die richtige Ernährung kann sich selbst der Zustand der Blutgefäße in Grenzen wieder bessern.

Machen Sie den Test – sauer oder nicht?

Beantworten Sie alle Fragen mit Ja oder Nein und notieren Sie sich dazu die Buchstaben A, B oder C. Je nachdem, wie viele A, B oder C Sie am Ende gesammelt haben, gibt es unterschiedliche Anzeichen für die Ausgewogenheit Ihres Säure-Basen-Haushalts.

	ja	nein
Frühstück lasse ich meist weg oder es sieht etwa so aus: Kaffee, Toast/Brötchen, Marmelade oder Croissant.	A	B
Stimmungsmäßig bin ich häufig gedrückt.	A	B
Ich habe häufig kalte Hände oder Füße.	A	B
Innerlich bin ich oft nervös, unruhig oder gestresst.	A	C
Bei mir steht Salat jeden Tag auf dem Tisch.	C	A
Mittags habe ich meist nur Zeit für Fast Food: Pizza, Döner, Pommes oder Würstchen.	A	C
Durst habe ich selten. Deswegen trinke ich wenig Wasser, eher Kaffee und Limonade.	A	B
Ich trinke etwa 2 Liter Flüssigkeit.	C	A
An den Oberschenkeln zeigt sich Cellulite.	A	B

	ja	nein
Ich fühle mich kraftlos und wie ausgelaugt.	A	B
Süßigkeiten esse ich fast jeden Tag.	A	C
Ich habe glanzloses, sprödes bzw. mattes Haar.	A	B
Puls und Blutdruck sind bei mir erhöht.	A	B
Ich esse jeden Tag mehrere Stücke Obst.	C	A
Fleisch oder Fisch gehören für mich zum Mittag- oder Abendessen dazu.	A	B
Wurst und Käse esse ich jeden Tag.	A	B
Ich habe empfindliche Haut bzw. kleinere Hautprobleme (grobe Poren, unreine oder fettige Haut).	A	B
Meine Muskulatur ist verspannt.	A	B
Ich trinke gerne frische Obst- und Gemüsesäfte.	C	A

	ja	nein
Ich habe oder hatte Gallen- oder Nierensteine.	A	B
Unter saurem Aufstoßen, Sodbrennen oder Magendrücken leide ich häufiger.	A	B
Geht die Erkältungswelle um, bin ich garantiert betroffen.	A	C
Wenn ich morgens aufwache, fühle ich mich unausgeruht / Ich schlafe schlecht.	A	B
Abends knabbere ich gern Chips und Cracker.	A	C
Zwei- bis dreimal pro Woche mache ich Sport.	C	A
Wenn ich mal richtig geschlemmt habe, gleiche ich das am nächsten Tag mit viel frischem Obst und Gemüse aus.	C	A
Ich habe häufiger Kopfschmerzen.	A	B
Obst und Gemüse kaufe ich reif auf dem Markt oder im Bioladen.	C	A

Auswertung

- A = 0 Punkte   A = 0
- B = 5 Punkte   B =
- C = 10 Punkte   C =
                  Summe =

0 bis 70 Punkte Der Säure-Basen-Haushalt und eine basenreiche Ernährung waren Ihnen bislang noch nicht so wichtig – bei Ihnen spricht einiges für eine latente Übersäuerung. Körperliche Symptome können damit in Verbindung stehen. Schön, wenn Sie nun ein paar Dinge in Ihrem Leben umstellen möchten. Um Ihren Säure-Basen-Haushalt wieder in Balance zu bringen, wären zu Beginn einige Entlastungstage ideal. Orientieren Sie sich mehr in Richtung basische Lebensmittel. Die Tabelle in der hinteren Umschlaginnenklappe liefert Ihnen einen Überblick über basengesunde Nahrungsmittel und zeigt, wo sich die größten Säurefallen verbergen. Auch viel Bewegung an der frischen Luft täte Ihnen gut.

70 bis 140 Punkte Ihre Ernährung ist Ihnen wichtig. Sie wählen gezielt aus, was Ihnen gut bekommt – nicht schlecht! Doch Sie können Ihr Wohlbefinden ohne weiteres noch verbessern, mit basenfreundlicher Ernährung und den Tipps dazu. Könnte es sein, dass Sie sich gelegentlich selbst überfordern? Mit Stress, Hektik und Bewegungsmangel? Dann denken Sie daran, dass Bewegung an der frischen Luft die Entsäuerung auf natürlichem Wege fördert.

140 bis 200 Punkte Glückwunsch, Sie ernähren sich sehr bewusst und achten auf Ihre Gesundheit. Sie wissen genau, dass eine basenreiche Ernährung Ihnen guttut – und halten sich auch meist daran. Damit Sie sich auch in Zukunft rundum wohlfühlen, wäre ein regelmäßiger Entlastungstag günstig.

Basenfreundliche Ernährung ist gesund

Eine latente Übersäuerung lässt sich hervorragend durch die Ernährung beeinflussen bzw. verhindern. Mit dem richtigen Ernährungswissen gelingt das auch Ihnen!

Wer einige Regeln beachtet, wird die wohltuende Wirkung des Basenkochens bald feststellen. Bei der Auswahl Ihrer Getränke können Sie ebenfalls punkten: Basenfreundliche Wässer und Tees liefern zusätzlich reichlich Basenreserven.

10 Tipps für basisches Kochen und Essen

Um in eine Säure-Basen-Balance zu gelangen oder darin zu bleiben, ist es wichtig, einige Grundsätze langfristig zu berücksichtigen. Beim Basenkochen gibt es keine verbotenen Nahrungsmittel. Auf den folgenden Seiten finden Sie Tipps für basenorientiertes Essen und Trinken. Sie werden sehen, wie angenehm und unkompliziert die Umstellung ist.

1. Kartoffeln, Nudeln & Co.

Kartoffeln sind basisch, Nudeln und Reis säurebildend. Deshalb sollten Kartoffeln in allen Variationen häufig auf Ihrem Speiseplan stehen. Nudeln und Reis können auch in Zukunft auf den Tisch kommen. Es hängt bei ihnen ganz davon ab, wie Sie sie zubereiten: Mit frischem Gemüse, fruchtigen Tomaten und reichlich Salat wird aus dem Nudel- oder Reisgericht eine basenüberschüssige Mahlzeit.

Je stärker die Basenreserven, desto besser die Abwehr von »Säureattacken«. Wer überwiegend basenüberschüssig kocht, kann auch mal die Pasta beim Italiener um die Ecke genießen.

2. Fleisch in kleinen Mengen

Hin und wieder Lust auf Fleisch – warum nicht? Entschärfen Sie das Ganze einfach mit frisch gedünstetem Gemüse der Saison und Kartoffeln und lassen Sie dafür Knödel oder Spätzle weg. Außerdem muss es ja nicht ein riesiges Steak sein. Ideal sind kleine, fettarme Portionen, die weniger als Salat und Gemüse ausmachen. Wenn Fleisch, dann gönnen Sie sich Bio-Fleisch: Es garantiert hohe Qualität (das Fleisch ist aromatischer und fester) und eine einwandfreie Tierhaltung. Das Futter besteht größtenteils aus Bio-Getreide. Außerdem stehen die Tiere nicht unter Stress (zusätzliche Übersäuerung!), weil sie über genügend Platz verfügen und ganzjährig Auslauf ins Freie haben.

3. Mit Getränken Basenpunkte sammeln

Quellwasser, Mineralwasser und basische Kräutertees (Seite 37) – eine Wohltat für die Basenvorräte. Den Körper mit Basen regelrecht fluten – das ist mit Heilwässern (Seite 35) möglich, die einen hohen Mineralgehalt haben. Basenpower haben besonders kalzium- und magnesiumreiche Wässer. Heilwässer sind nicht für den ständigen Gebrauch gedacht, aber vorübergehend sehr hilfreich. Wichtig ist auch, dass Sie jeden Tag genügend trinken, etwa 2 Liter. Wer Kaffee oder schwarzen Tee mag, braucht nicht darauf zu verzichten, sollte sich aber auf etwa 2 Tassen täglich beschränken.

4. Ein guter Tropfen zum Essen

Helles Bier ist im leicht sauren Bereich angesiedelt, Pils und dunkles Bier sind leicht basisch. Es gibt einfach Gerichte und Situationen, da macht Bier das Essen perfekt: beim Grillen oder bei einer Brotzeit im Biergarten. Das gleichen Sie aus mit frischem Sommersalat, Gurken oder Gemüsesticks. Wein wird leicht basisch bewertet. Am besten greifen Sie zu Rotwein. Aber Achtung: Er muss trocken sein.

Geben Sie trockenem Rotwein den Vorzug, am besten, wenn er in Eichenfässern (Barrique) gereift ist. Die da-

rin gebildeten Stoffe, in kleinen Mengen aufgenommen, stärken Herz und Gefäße. Größere Mengen Alkohol sind dagegen generell schädlich.

5. Wurst- oder Käsebrot ist nicht so günstig

Hier lauern die versteckten Säuren, an die keiner denkt, weil ein belegtes Brot schnell mal zwischendurch gegessen wird. Dabei können Sie gerade bei diesen kleinen (Zwischen-)Mahlzeiten basenmäßig punkten. Wurst wie Salami oder Bierschinken wirkt säurebildend. Käse wird ernährungswissenschaftlich positiv eingestuft, weil er reichlich Kalzium enthält. Wenn man ihn allerdings aus dem Blickwinkel der Säure-Basen-Balance betrachtet, kommt er weniger gut weg: Bestimmte Käsesorten wie Cheddar, Schmelzkäse oder Parmesan haben sogar einen höheren Säurewert als viele Fleisch- und Wurstwaren. Frischkäse schneidet von allen Käsearten am besten ab.

Brot ist ebenfalls säuernd. Von allen Brotsorten wird Sauerteigbrot am besten bewertet. Eine Alternative ist ein Brot aus Kartoffeln (Seite 142).

6. Gemüse: zurück zu den Wurzeln

Wurzel- und Knollengemüse machen auf den ersten Blick nicht so viel her wie leuchtend rote Tomaten oder gelbe Paprikaschoten, doch basenmäßig sind sie die Favoriten. Möhren, Kartoffeln, Petersilienwurzel und Rote Bete lassen sich zudem lecker zubereiten. Auch grünes Gemüse und Salate haben eine sehr positive Basenbilanz. Ganz oben stehen hier Spinat, Zucchini und Feldsalat. Im Winter, wenn weniger frisches Gemüse angeboten wird, können Sie frische Sprossen

> ## Mein Tipp
>
> Gutes von Gestern: Ich koche gleich einen größeren Topf Pellkartoffeln und verwende die restlichen Kartoffeln erst später. Ein Teil der Stärke verwandelt sich nämlich beim Abkühlen in resistente Stärke, die der Körper nicht verwerten kann (= geht also nicht auf die Hüften), dafür aber die Lieblingsspeise der nützlichen Darmbakterien ist. Dasselbe gilt auch für Reis und Nudeln.

verwenden. Mit frischen Kräutern wie Basilikum, Petersilie oder Schnittlauch lässt sich jedes Gericht basisch aufwerten.

7. Berufstätig und wenig Zeit zum Kochen?

Von Ihren basischen Lieblingssuppen können Sie ruhig eine größere Menge zubereiten und portionsweise in kleinen Behältern einfrieren. Die Suppen können im Wasserbad rasch aufgetaut oder auf dem Herd erwärmt werden. Gut ist auch ein kleiner Vorrat an Salatsauce im Kühlschrank, der für einige Tage reicht.

8. Die besten Fette & Öle

Für gutes Öl sollten Sie etwas mehr Geld ausgeben. Raps- und Olivenöl wirken im Stoffwechsel neutral, das heißt, sie belasten nicht mit Säuren, haben aber viele Vorteile: Ihre ungesättigten Fettsäuren werden vom Körper u. a. zur Herstellung von Zellmembranen und lebensnotwendigen Botenstoffen verwendet.

Der Säuregehalt eines Nahrungsmittels ist natürlich nicht das einzig entscheidende Kriterium bei der Bewertung. Das wird deutlich am Beispiel Margarine: Sie wirkt schwach basisch, trotzdem bevorzugen wir die leicht säuernde Butter, weil sie stärker naturbelassen ist. Tierische Fette enthalten viele gesättigte Fettsäuren, die als ungünstig gelten. Viele pflanzliche Fette haben dagegen einen hohen Gehalt an einfach und mehrfach ungesättigten Fettsäuren. Besonders vorteilhaft sind die Omega-3-Fettsäuren. Olivenöl schmeckt in Salaten und kalten Speisen, ist aber auch zum Kochen bei milder Hitze geeignet. Rapsöl ist ein Allrounder, eignet sich zum Kochen und Braten. Das nussig schmeckende Walnussöls ist ideal für die kalte Küche und enthält viele gesunde Omega-3-Fettsäuren. Leinöl punktet noch stärker durch seinen hohen Gehalt an Omega-3-Fettsäuren. Man darf es nur kalt verwenden.

9. Zucker und andere Süßmacher

Laut den Säure-Basen-Tabellen wirkt Zucker nicht stark säuernd bzw. wird als neutral eingestuft. Aber das ist nur die eine Seite. Die andere Seite ist, dass Zucker mit verschiedenen Nahrungsmitteln im Darm Gärungsprozesse auslösen kann, die eine Säurebelastung hervorrufen und insgesamt

> ## Mein Tipp
>
> Wenn ich kleine Vorräte anlege, fällt das Säure-Basen-Kochen gleich noch leichter. Aus meiner Erfahrung weiß ich, dass alles gleich viel besser geht, wenn man sich selbst einen kleinen basischen Vorrat zaubert.

den Körper schädigen – die Zähne durch Karies oder die Blutgefäße durch erhöhte Blutzuckerwerte. Honig liegt leicht im basischen Bereich und Melasse reagiert im Körper basisch, dennoch sollten Sie Zucker und andere Süßungsmittel zurückhaltend einsetzen. Natürliche Süße liefern reifes Obst, Mandeln oder ungeschwefelte Trockenfrüchte wie Datteln und Feigen. Als Süßungsmittel kommen außerdem Stevia und Fruchtsüßen wie Apfel- und Birnendicksaft oder Agavendicksaft infrage.

10. Die richtige Kombination ist alles!

Idealzustand: 80 % unserer Nahrung sollten basisch oder neutral und 20 % dürfen säuernd sein. Wer Brot, Nudeln und Reis liebt, der darf und soll sie auch weiterhin essen. Es kommt letztlich auf die richtige Kombination an: Ganz leicht lässt sich ein zunächst säureüberschüssiges Gericht mit frischem Salat, Obst und Gemüse in den basischen Bereich verschieben. Vermeiden sollten Sie die Kombination mehrerer starker Säurebildner in einer Mahlzeit, etwa Nudeln mit Gulasch oder Reis mit Garnelen.

In der folgenden Tabelle (Seite 26) finden Sie säurelastige Lebensmittel und daneben basenreiche Alternativen. Wie Sie sehen, können sich die basenreichen Nahrungsmittel kulinarisch durchaus neben den säurelastigen behaupten.

Einkaufs- bzw. Vorratsliste

Die in der folgenden Liste genannten Lebensmittel sind gesunde Basenspender, die Sie idealerweise immer im Hause haben sollten. Sie bilden die Grundlage für die vorgestellten Rezepte; vielleicht inspirieren Sie die Kochideen zu eigenen Kreationen? Wenn Sie dabei auf die genannten Basenspender zurückgreifen, sind Sie auf jeden Fall auf der sicheren Seite und bieten der Übersäuerung Paroli. Kochen Sie mit regionalen und saisonalen Zutaten. Im Saisonkalender hinten im Buch sehen Sie, wann Obst und Gemüse wirklich frisch ist.

- Kartoffeln, Karotten, Zwiebeln (Schalotten), Knoblauch, Ingwer, Lauch, Frühlingszwiebeln, Fenchel, grüne Gemüse wie Gurken, Kohl, Zucchini, Brokkoli und Mangold stellen die Gemüsebasis dar und sollten – je nach Saison – häufig auf den Tisch kommen.
- Alle grünen Salate mit Bitterstoffen wie Endivie, Chicorée, Radicchio sind empfehlenswert.
- Verwenden Sie frische Sprossen (am besten selbst gezogen) und jeweils erntefrisches Gemüse der Saison.
- Beim Obst greifen Sie bitte zu Zitronen (Limetten), Äpfeln, Bananen sowie zu allen reifen Früchten der Saison.
- Speziell im Frühjahr und Sommer sollten Beerenfrüchte, Aprikosen, Birnen, frische Feigen, Kirschen, Pfirsich, Pflaumen, Melone, Spargel, Spinat, Tomaten und Zuckerschoten Ihre Ernährung bereichern.
- Greifen Sie speziell im Herbst und Winter oft zu Wurzelgemüse wie Sellerie, Roter

Mein Tipp

In Salate gebe ich oft noch eine kleine, in Scheiben geschnittene Pellkartoffel. Das schafft zusätzlich Basenpunkte und ein zufriedenes Gefühl der Sättigung.

Säurelastige Nahrungsmittel und ihre basenreichen Alternativen

säurelastige Nahrungsmittel	basenreiche Nahrungsmittel
Fleisch	Tofu und Sojaprodukte, Maronen
Wurst	pflanzliche Aufstriche, Frischkäse
Fleischbrühe	Gemüsebrühe
Pommes frites, Chips	Pellkartoffeln, Salzkartoffeln, Bircher-Kartoffeln
Süßigkeiten, Schokolade, Pralinen	Obstdesserts; getrocknete Früchte wie Feigen, Datteln und Rosinen
Erdnüsse	Mandeln
Zucker	Melasse, Honig, Fruchtsüße (z. B. Apfeldicksaft, Agavendicksaft), Stevia
saure, unreife Früchte	süße, an der Sonne gereifte Früchte
Konserven	frisches, erntereifes Gemüse, Sprossen
Schmelzkäse, Hartkäse	Frischkäse
Quark	frischer Naturjoghurt, frische Sahne
Limonaden, Light-Getränke, Cola	frische Obst- und Gemüsesäfte, Gemüsebrühe, reines Quellwasser, Mineral- und Heilwässer
Früchtetee	Kräutertee, Roibuschtee
raffiniertes Pflanzenöl	kalt gepresstes Pflanzenöl wie Raps-, Sonnenblumen oder Olivenöl, Nussöl
tierische Fette wie Schmalz oder Speck	kalt gepresste Pflanzenöle, Butter
Marmelade	frische Fruchtaufstriche, Honig, Mandelmus
Weißmehlprodukte	Kartoffelbrot, Vollkornprodukte
Kuchen	Apfelbrot, Obstkuchen, Kuchen mit Frischkäse
Essigessenz	Zitronen-, Limettensaft, milder Obst- und Apfelessig, Aceto balsamico
fertig gekaufte Frucht-Buttermilch mit Geschmackszusätzen	Molke, Kefir
Meeresfrüchte	Meeresfisch
Innereien	Geflügel

Bete, Kürbis, Petersilienwurzel, Topinambur, Feldsalat und Orangen.

- Ungeschwefelte Trockenfrüchte wie Aprikosen, Datteln oder Feigen können Sie je nach Ihrem Geschmack hinzunehmen. Sie sind eine basenreiche Alternative zu Süßigkeiten.
- Gemüsebrühe darf nicht fehlen. Am besten ist natürlich selbst gemachte Brühe; da das nicht immer möglich ist, sollten Sie zusätzlich Instant-Gemüsebrühe Bio im Hause haben.
- Frische Kräuter wie Kresse, Petersilie, Schnittlauch, Basilikum und Dill sind wertvolle Ergänzungen, die Sie so oft wie möglich einsetzen sollten. Idealerweise ziehen Sie sich Ihre Kräuter selbst auf der Fensterbank oder dem Balkon; alternativ können Sie zu frischen Schnitt-, Tiefkühlkräutern oder getrockneten Kräutern greifen.
- Zum Würzen verwenden Sie Meersalz, Kräutersalz, Pfefferkörner, Galgantpulver, Paprikapulver, Curry, Lorbeerblätter, Muskatnuss, Kümmel, Thymian, Oregano, Majoran, Rosmarin, Basilikum, Kardamom, Nelken, Chilischoten (frisch oder getrocknet), ggf. Estragon
- Im Kühlschrank sollten stets Frischkäse, Naturjoghurt, saure Sahne, Kefir, Buttermilch, (Molke), Tofu und Sojamilch, alles in Bio-Qualität, vorhanden sein.
- In der Säure-Basen-Küche häufig eingesetzte Getreide und Mehle sind Buchweizen, Buchweizenmehl, Hirse und Dinkel.
- Einen Vorrat an Mandeln, Rosinen, Sesamsamen, Haselnüssen, Zimt, Bourbon-Vanille, Weinstein-Backpulver, flüssigem Honig (deutscher Imker-Honig), Stevia und Melasse sollten Sie immer dahaben.
- Kalt gepresste Pflanzenöle wie Rapsöl, Olivenöl und Leinöl gehören zur gesunden Ernährung dazu. Vom Leinöl bitte immer nur kleine Flaschen kaufen, die Sie kühl und dunkel lagern und rasch aufbrauchen sollten, da es schnell ranzig wird.
- Apfelessig oder Obstessig, (für kulinarische Genüsse zusätzlich ein guter Aceto balsamico), Meerrettich (frisch oder im Glas), Sojasauce sowie Tomatenmark brauchen Sie bei den Säure-Basen-Rezepten immer wieder.
- Basische Getränke sollten immer ausreichend vorhanden sein: Wasser ohne Kohlensäure, Kräutertees nach persönlichem Geschmack (Seite 37), z. B. Orangenblütentee, Lindenblütentee, Fenchel, Melisse oder Stoffwechseltee mit Löwenzahn, Brennnessel, Ackerschachtelhalm und Holunderblüten.

Kleine Warenkunde: die Top-Basenspender

Einige Lebensmittel nehmen eine herausragende Stellung in der Säure-Basen-Küche ein und werden besonders oft und gern verwendet. Diese Top-Basenspender möchte ich Ihnen gern etwas genauer vorstellen.

Äpfel: Sie haben einen hohen Gehalt an basischem Kalium und Pektin. Pektin hat die Eigenschaft, Giftstoffe zu binden und gleichzeitig, die Verdauung anzuregen. Bevorzugen Sie heimische Apfelsorten. Der aus Äpfeln gewonnene Apfelessig ist ebenfalls basisch. Er zeichnet sich durch einen hohen Gehalt an Vitaminen und Mineralstoffen aus und eignet sich für feinere Salate.

Buchweizen: Das ist, genau genommen, gar kein Getreide, sondern ein Knöterichgewächs, das mit Sauerampfer und Rhabarber verwandt ist. Buchweizen ist eiweißreich, enthält reichlich Mineralstoffe und wird

Gemüsepaste für den Vorrat

Basenwert: ★★★
Für 4 Personen
⊘ 15 Min.

1 kg Suppengemüse (entspricht etwa 1 Stange Lauch, 3 Karotten, ½ Knollensellerie, 1 Petersilienwurzel, ½ Bund frischer Petersilie) • etwa 100 g Salz.

● Gemüse putzen und zerkleinern.

● Mit dem Salz und einem TL Wasser in den Mixer geben und zu einer Paste verarbeiten.

● In 2 saubere Schraubgläser füllen und im Kühlschrank aufbewahren.

● Für die Herstellung einer Brühe oder Suppe einige TL entnehmen und mit Wasser aufkochen.

Tipp Spart Zeit und Platz! Die Paste steht im Kühlschrank stets bereit. Daraus lässt sich schnell eine Gemüsesuppe kochen.
Das Salz konserviert die Gemüsepaste. Sie hält sich gekühlt mindestens 6 Monate.

auch als »Anti-Fett-Getreide« bezeichnet, da er eine günstige Wirkung auf den Cholesterinstoffwechsel hat. Buchweizen, in Form von Körnern, Mehl oder Sprossen, lässt sich gut zu pikanten und süßen Gerichten verarbeiten. Der glutenfreie, angenehm nussig schmeckende Buchweizen ist im Bioladen und Reformhaus erhältlich.

Fruchtsüße: Apfeldicksaft und Birnendicksaft liefern eine natürliche Süße für Obstdesserts, Salate, Müslis oder Süßspeisen, als Alternative zu Industriezucker. Sie haben allerdings etwas weniger Süßkraft als Zucker. Dicksäfte werden aus dem Saft der Früchte in einem schonenden Verfahren ohne weitere Zusätze eingedickt und sollten nach dem Öffnen im Kühlschrank aufbewahrt werden. Apfeldicksaft ist in den Geschäften verbreiteter, Birnendicksaft meist eher im Reformhaus oder gut sortierten Bioladen erhältlich. Der klare Agavendicksaft wird in den letzten Jahren verstärkt angeboten und findet sich in jedem größeren Lebensmittelgeschäft.

Vorsicht: Für Menschen mit Fructose-Unverträglichkeit sind Fruchtsüßen nicht geeignet!

Galgant: heißt auch europäischer Ingwer. Die Wurzel hatte schon bei Hildegard von Bingen einen hohen Stellenwert. Galgant-Gewürz gibt es im Reformhaus oder Bioladen als Pulver. Es wird vorsichtig dosiert, da es eine feine Schärfe besitzt. In der Naturheilkunde wird die heilkräftige Pflanze u. a. bei Völlegefühl und Blähungen eingesetzt.

Gemüsebrühe: Sie ist in der Basenküche einfach unverzichtbar. Am besten frisch zubereitet aus Knollen- und Wurzelgemüse

Mein Tipp

Allergiker sollten zu alten Apfelsorten greifen. Ich bin immer wieder überrascht, wie viele Menschen auf Äpfel mit Magengrummeln reagieren oder sogar unter einer Apfelallergie leiden. Wer nicht auf die hohe Basenkraft von Äpfeln verzichten will, dem empfehle ich die alten Apfelsorten, wie z. B. Boskoop oder Gravensteiner.

der Saison, die man gerade zu Hand hat, wie Karotten, Kartoffeln und Lauch, ist eine Gemüsebrühe (Seite 69) die Grundlage für viele weitere Basengerichte oder ideal als Basendrink zum Ausgleich von Säuren.

Ingwer: Ein in der Basenküche sehr geschätztes Gewürz ist Ingwer. Frisch finden Sie ihn in den meisten Gemüseabteilungen der Lebensmittelgeschäfte. Getrocknet gibt es ihn fein gemahlen als Gewürzpulver, dass etwas schärfer als die Wurzel ist. Ingwer neutralisiert Säuren und unterstützt die Reinigung des Stoffwechsels. Neben der Verwendung als Gewürz schätzt man Ingwer in der Basenküche auch als Tee oder Beigabe zu Getränken. Ingwer hilft bei Reisekrankheit und Magen-Darm-Störungen.

Kartoffeln: Ein wichtiger basischer Bestandteil der Säure-Basen-Küche sind Kartoffeln. Sie enthalten viel basisches Kalium und hochwertiges pflanzliches Eiweiß. Entgegen der landläufigen Meinung machen sie trotz ihres Gehalts an Stärke nicht dick. Sie sind sehr vielseitig verwendbar, in der Basenküche bevorzugt als Pellkartoffeln oder Bircher-Kartoffeln oder in Suppen und Aufläufen. Ideal in Kombination mit allen Gemüsearten und Salat. Ich verwende Kartoffeln als Ersatz für säuerndes Getreide auch für Brotrezepte.

Kefir: Dieses erfrischende Getränk stammt ursprünglich aus dem Kaukasus und entsteht aus fermentierter Milch. Kefir eignet sich besonders für Mixgetränke mit frischen Früchten im Sommer (ein Rezept hierfür finden Sie im Rezeptteil, Seite 58). Er ist in guten sortierten Kühlregalen für Milchprodukte erhältlich. Wer keinen Kefir zur Hand hat, nimmt für Früchtedrinks stattdessen **Sojamilch** oder Naturjoghurt gemischt mit Mineralwasser.

Leinöl: Das gelbliche Öl ist die wertvollste Quelle für pflanzliche Omega-3-Fettsäuren. Leinöl enthält reichlich essenzielle Alpha-Linolensäure, aus der der Körper die Omega-3-Fettsäuren aufbauen kann. Erhältlich ist Leinöl im Reformhaus oder Bioladen. Es passt gut zu Kartoffeln, Gemüse und Frischkäse.

Leinöl darf nicht erhitzt werden, man kann es warmen Speisen nach dem Kochen zugeben. Da es an Licht und Luft schnell oxidiert, sollten Sie es nach dem Öffnen kühl und dunkel lagern und rasch verbrauchen –
es ist etwa vier Wochen haltbar.

Limonen (Limetten): Diese Verwandten der Zitronen sind magenverträglicher und aromatischer. Die kleinen grünen bis grüngelben Limonen haben einen feinen und milden Geschmack und sind reich an wertvollen Bioflavonoiden, basischem Kalium sowie Vitamin C. Ihre Schale ist allerdings deutlich dünner als die von Zitronen, weshalb sie schneller austrocknen und sich nicht lange lagern lassen.

Mangos: Mangos stehen uns das ganze Jahr zur Verfügung. Ihre Heimat ist Indien. Mangos gehören zu den Früchten mit dem höchsten Vitamin-A-Gehalt; sie sind säurearm, haben einen feinen Geschmack und enthalten viele Mineralstoffe. Am besten schmecken die sogenannten Flugmangos, die mit einem guten Reifegrad in Obstgeschäften erhältlich sind.

Maronen: Esskastanien sind uns vor allem bekannt von den winterlichen Ständen in der Stadt, in der man sie frisch geröstet kaufen kann. Mit den Früchten der bei uns verbreiteten Rosskastanie haben sie nichts zu tun. Die stark basischen Maronen haben einen kräftigen Geschmack und lassen sich zu Gemüse und Suppen verarbeiten oder im Ofen rösten. Man erhält sie frisch oder vakuumverpackt auf dem Markt oder in gut sortierten Gemüseabteilungen. Sie enthalten sehr viel wertvolle Linolsäure, Vitamin E, Eisen und viele weitere basische Mineralien.

Meersalz: Ein Salz, das neben Natriumchlorid auch Kalium und weitere Mineralien enthält. Deshalb und wegen seiner Natürlichkeit verwendet man es vorzugsweise in der Basenküche. Getrocknete Kräuter wie Majoran oder Rosmarin verleihen Meersalz zusätzlich Aroma. Kräutersalz gibt es fertig in jedem Lebensmittelgeschäft oder man mischt es selbst nach eigenem Geschmack.

Melasse: Das ist ein dunkelbrauner Sirup, der bei der Herstellung von Zucker aus Zuckerrohr oder Zuckerrüben anfällt und noch Vitamine und Mineralien enthält. Er wird zum Backen oder als Brotaufstrich verwendet. Erhältlich im Reformhaus oder Bioladen. Alternativen: Honig, Agavendicksaft, Apfeldicksaft, Birnendicksaft.

Miso: Kennen Sie Miso? Es wird aus vergo-
renen und gesalzenen Sojabohnen, Getreide
oder Reis hergestellt. Es gibt weißes und röt-
liches Miso, das als Paste oder Pulver im Glas
im Bioladen angeboten wird. Eine abwechs-
lungsreiche Alternative oder Ergänzung zur
klassischen Gemüsebrühe (Seite 77).

Molke: Eigentlich ein Nebenprodukt, das
beim Käsen entsteht. In vielen Lebensmit-
telgeschäften sucht man Molke meist ver-
geblich, dafür findet man sie im Reformhaus
im Kühlregal oder als Pulver. Die gelbliche, wässrige, Vitamin-B-reiche Molke ist
durch den hohen Gehalt an Kalzium, Kalium
und Magnesium ausgeprägt basisch. Mögli-
che Alternativen zu Molke sind Kefir, Buttermilch, Naturjoghurt oder Sojamilch.

*Wegen des geringen Fettgehalts wird
Molke auch zum Abnehmen geschätzt.
Man kann die Drinks mit Früchten oder
pikant, z. B. mit Gurke oder Kräutern,
zubereiten.*

Paprika: Paprika wird in der Basenküche in
vielerlei Form verwendet: Man schätzt die
intensive Schärfe als Gewürz. Der Schärfe-
grad hängt davon ab, wie viel Samen und
Scheidewände verwendet werden, in denen
sich das Capsaicin befindet. Chilipulver (Cayennepfeffer) wird durch Vermahlen ganzer
Chilischoten gewonnen, es ist das schärfste
unter den scharfen Gewürzen und wird nur
in winzigen Prisen eingesetzt. Wer frische
Chilischoten verwendet, trägt am besten
Handschuhe, damit das Capsaicin nicht auf
die Schleimhäute oder in die Augen gerät. Zu
dieser Art zählen ebenfalls Peperoni, die es
in allen Schärfegraden gibt.

Sanddorn: Die orangefarbenen Beeren des
Sanddorns sind sehr reich an Vitamin C.

Roh sind die Beeren nicht zu genießen. Sie
werden als Saft im Reformhaus oder Bioladen angeboten. In der Säure-Basen-Küche
schätzt man den herben Sanddorn als Zusatz zu fruchtigen Drinks und Desserts
(Seite 134).

Sauerteigbrot: Wird in der Basenküche von
allen Brotsorten am besten bewertet. Es
ist erhältlich in guten Bäckereien, in denen
noch jeden Tag selbst gebacken wird. Sauerteig ist ein Naturprodukt und entsteht ohne
weitere Zusätze aus Roggenvollkornmehl
und Milchsäurebakterien, sobald warmes
Wasser zugesetzt wird. Wer selbst backen
möchte, kann Sauerteig selbst herstellen
bzw. als getrockneten Extrakt oder flüs-
sig im Reformhaus oder Bioladen kaufen. Er
dient als Triebmittel und verbessert die Ver-
daulichkeit und den Geschmack des Brotes.

Soja und Sojaprodukte: Diese sind reich an
hochwertigem pflanzlichem Eiweiß und
eine wichtige Alternative zu Fleisch und an-
derem tierischem Eiweiß. Deshalb spielt
Soja in der Basenküche und in der vegetarischen Küche eine wichtige Rolle. Sojaprodukte sind zudem cholesterinfrei und relativ
fettarm. Es gibt Soja in vielen Zubereitun-
gen: Sojamilch, Sojasauce, Miso (Sojapaste),
Sojamehl (zum Backen oder als Ersatz für
Eier), Tofu (Sojaquark), Sojaflocken für Müslis oder Backwaren oder Sojasauce (helle
und dunkle Saucen, anstelle von Salz).

*Achten Sie beim Einkauf auf die
Herkunft und das Herstellungs-
verfahren. Gentechnikfreie Sojaprodukte
gibt es im Bioladen oder im Reformhaus.*

Sprossen: Immer gut für die Basenbilanz
sind Sprossen, die leicht selbst zu Hause gezogen werden können (spezielle Keimgläser

Meine Top Ten der basischen Lebensmittel

Wahre Basen-Wunder sind die folgenden 10 Lebensmittel. Sie sind überdurchschnittlich basisch und unterstützen eine positive Tagesbilanz.

Petersilie: Frische Kräuter wie Petersilie sind in der Lage, nahezu jedes Gericht in den basischen oder neutralen Bereich zu drehen. Glatte oder krause Petersilie steht mit seinem hohen Basenwert ganz oben an der Basenspitze; Schnittlauch, Basilikum und Thymian sind quasi ebenbürtig. Auch TK und getrocknet geht in Ordnung.

Buchweizen: Die glutenfreien, vielseitig einsetzbaren Buchweizenkörner gehören zu den sogenannten Pseudogetreiden und sind eine tolle basische Alternative zu Weizen. Buchweizen enthält reichlich Kalium und Magnesium.

Kartoffeln: Die großen Basen-Allrounder lassen sich in unzähligen Variationen zubereiten, als Pellkartoffeln, Ofenkartoffeln, Püree, gekochte, abgekühlte Kartoffeln.

Gemüsebrühe: Weil sie so eine wertvolle Basen-Basis ist, lohnt es sich, die Brühe auf Vorrat zu kochen und einzufrieren – zum Beispiel in Eiswürfelbehältern. Oder Sie kaufen Brühe in Bioqualität (Instant, hefefrei).

Äpfel und Birnen: Ein Leben ohne Äpfel? Fast unvorstellbar! Bevorzugen Sie heimische Äpfel und alte Sorten, wie Boskoop, Cox Orange oder Gravensteiner.

Grünes Gemüse: Brokkoli, Spinat, Lauch, Kohl, Grünkohl oder Frühlingszwiebeln halte ich in der Basenküche für unverzichtbar. Sie verfügen über hohe Basenkraft und geben ein kräftiges Aroma.

Ingwer und Galgant: Ingwer neutralisiert Säuren und unterstützt die Stoffwechselaktivität. Galgant wirkt ähnlich, ist schärfer und wird als »europäischer Ingwer« bezeichnet.

Sprossen und Keimlinge: Kresse und Sprossen lassen sich leicht selbst ziehen. Gerade im Herbst liefern sie frische Vitamine und basische Mineralien. Sie überzeugen nicht nur geschmacklich, sondern auch aufgrund ihrer Basenkraft.

Beeren: Egal ob Blaubeeren, Himbeeren oder Johannisbeeren: Sie alle gehören auf meine basische Hitliste und haben das Zeug zum Lieblingsessen.

Mandeln: Bestnoten für Mandeln – egal ob die Kerne, gerieben oder als Mus. Mandeldrinks sind zudem eine gute Alternative zu Kuhmilch.

gibt es für etwa 10 Euro im Bioladen oder in großen Drogeriemärkten). Ob Kresse, Buchweizen, Rettich- und Sesamsamen oder Mungobohnen, sie liefern B-Vitamine, Kalium, Magnesium, Kalzium und Eisen. Während des Keimens vervielfacht sich der Gehalt an basischen Mineralien. Sie können viele Gerichte bereichern, ob Salate, Gemüse oder Asia- sowie Wokgerichte. Angeboten werden auch fertige Keimmischungen.

Stevia: Das Süßkraut stammt aus Südamerika, wo es seit Hunderten von Jahren zum Süßen eingesetzt wird. Seit 2011 ist die sehr stark süßende Pflanze auch in der EU als Süßungsmittel zugelassen. Stevia, das nicht auf den Blutzuckerspiegel einwirkt, gibt es als nahezu kalorienfreie Alternative zum Zucker im Bioladen, Reformhaus oder Lebensmittelgeschäft in Form von Tropfen, Pulver oder gepressten Tabs. Die Stevia-Pflanze lässt sich auch im Garten oder auf dem Fensterbrett ziehen, um die Blätter frisch zum Tee zu geben oder trocken zum Süßen zu zerreiben. Manche stört es, dass Stevia einen Nachgeschmack entwickeln kann, Sie sollten es daher zunächst vorsichtig dosieren.

Trockenfrüchte: Alle Trockenfrüchte sind starke, nährstoffreiche Basenfavoriten. Die Auswahl ist mittlerweile groß, ob getrocknete Aprikosen, Äpfel, Tropenfrüchte, Mangos, Ananas, Papaya oder Feigen, Rosinen und Pflaumen. Sie sind ideal als Snack zwischendurch und bei Heißhunger auf Süßes. Ich verwende nur ungeschwefelte Trockenfrüchte, die es im Reformhaus, Bioladen und in Drogeriemärkten mit Naturkostabteilung gibt. Ungeschwefelte Früchte sind gemeinhin etwas dunkler und weniger ansehnlich als geschwefelte Früchte, aber aromatischer und besser für die Basenbilanz.

Weinsteinbackpulver: Dieses wird bevorzugt in der Vollwertbäckerei eingesetzt. Weinsteinbackpulver enthält als Triebmittel Natron, wie herkömmliche Backpulver auch. Der in konventionellem Backpulver enthaltene chemische Säuerungsanteil wird traditionell durch Weinstein (biologische Ablagerungen aus Weinfässern) ersetzt. Wird Backpulver verwendet, muss der Teig nicht gehen, er kann direkt gebacken werden. Erhältlich in Bioladen, Drogeriemärkten mit Naturkostabteilung und Reformhäusern.

Wildkräuter: Bärlauch (April bis Mai) oder Brunnenkresse gibt es inzwischen auch bündelweise auf dem Wochenmarkt. Zarte Löwenzahn- und Brennnesselblätter lassen sich im Frühjahr leicht selbst sammeln und dem Salat beigeben. Von den enthaltenen Mineralien und Bitterstoffen profitiert der Säure-Basen-Haushalt in hohem Maße.

Wurzelgemüse: In der konventionellen Küche führen sie oft ein Schattendasein, in der Basenküche sind sie die Stars: Wurzelgemüse. Sie sind vollgepackt mit Mineralien und Spurenelementen, preiswert, gesund und wohlschmeckend. Ob Möhren (hoher Karotingehalt), Pastinaken (ideal für Suppen und Pürees) oder Knollensellerie (als Salat, gebraten oder gekocht), mit ihnen lässt sich das Säure-Basen-Gleichgewicht sehr günstig beeinflussen.

Mineralwasser hat Basen-Power

Natürliches Wasser ist der beste Basenspender. Jedes Mal, wenn Sie reines Wasser ohne Kohlensäure oder einen basischen Kräutertee trinken, wirkt sich das positiv auf Ihre Säure-Basen-Bilanz aus. Denn die Flüssigkeit durchflutet das Gewebe und unterstützt den Abtransport und die Ausscheidung von Säuren. Ideal für Zellen und Gewebe sind etwa 2 Liter Flüssigkeit pro Tag. Wenn Sie genügend trinken, kann der Körper belastende Stoffe viel schneller loswerden. Mineral-, Quell- und Heilwasser sind natürlichen Ursprungs und werden direkt an der Quelle abgefüllt. Reine Wässer sind besonders gut zum Reinigen und Entsäuern der Zellen. Auch gegen Leitungswasser, wenn es von hoher Qualität ist wie etwa das Münchner Wasser, ist nichts einzuwenden.

Heilwässer haben einen höheren Mineralstoffgehalt als herkömmliche Mineralwässer, der vom Gesetzgeber vorgeschrieben ist. Nicht umsonst heißen sie Heilwässer, denn sie werden gezielt bei verschiedenen Beschwerden oder zur Vorbeugung gegen Krankheiten eingesetzt. Auch den Säure-Basen-Haushalt können sie positiv beeinflussen. Besonders sinnvoll ist ihr Einsatz bei Beschwerden, die ihren Ursprung in einem gestörten Säure-Basen-Haushalt haben, etwa Sodbrennen oder Steinleiden. Weitere Anwendungen für Heilwässer sind Magen- und Darmerkrankungen (z. B. bei zu viel Magensäure), Herz-Kreislauf-Beschwerden sowie Blasen- und Nierenerkrankungen. Heilwässer regen die Ausscheidung von Säuren über Darm, Haut und Nieren an.

Empfehlenswerte Mineralwässer

Im Handel werden Hunderte von Heil- und Mineralwässern angeboten. Beim Kauf sollten Sie ein Augenmerk auf den Gehalt an Hydrogencarbonat und basenbildenden Mineralstoffen haben. Gute Quellen sind beispielsweise die bayrische Adelheid-Quelle mit einem hohen Gehalt an Hydrogencarbonat und Kalium, Bad Wildunger Helenen-

Kleines Mineralwasser-Glossar

- Hydrogencarbonat: wirkt gegen Übersäuerung, hilft bei Sodbrennen und beugt Harnsteinen vor. Harnsäure kann besser gelöst und ausgeschieden werden.
- Magnesium: ist basenbildend und an Stoffwechselvorgängen beteiligt. Das Mineral ist wichtig für die Nerven- und Muskelfunktion. Wer sportlich aktiv ist, hat einen erhöhten Bedarf an Magnesium.
- Kalium: wichtiges Mineral für die Zellfunktion. Es ist am Wasser- und Säurehaushalt beteiligt.
- Kalzium: stärkt Knochen und Zähne. Wichtig für die Osteoporose-Vorbeugung.

quelle mit reichlich Hydrogencarbonat, Eisen und Magnesium sowie Fontanis classic aus dem Schwarzwald mit viel Kalzium.

Wählen Sie möglichst ein Wasser ohne oder mit ganz wenig Kohlensäure. Menschen mit erhöhtem Blutdruck sollten auf den Natriumgehalt achten. Etwa 30 % von ihnen reagieren auf Natrium mit einer Steigerung des Blutdrucks. Wer unter Nieren- oder Herzschwäche leidet, darf allgemein nicht so viel trinken. Heilwässer sind quasi ein flüssiges Arzneimittel und daher für den vorübergehenden Gebrauch gedacht. Wer unsicher ist, sollte seinen Arzt fragen.

Die verschiedenen Wässer

- Mineralwasser: wird aus unterirdischem Wasservorkommen gewonnen. Der Eisen-

und Kohlensäuregehalt darf vom Hersteller verändert werden.

- Heilwasser: hat den höchsten Mineralstoffgehalt und unterliegt dem Arzneimittelgesetz, weil bei Heilwasser eine therapeutische Wirksamkeit bei bestimmten Krankheiten nachgewiesen ist. Es ist kein Ersatz für unser normales Wasser, sondern zum kurmäßigen Trinken gedacht.
- Quellwasser: enthält häufig weniger Mineralstoffe als Mineral- und Heilwasser. In vielen Gegenden gibt es noch natürliche Quellen, deren Qualität von Behörden regelmäßig überprüft wird.
- Tafelwasser: ist kein hochwertiges und natürliches Produkt. Es wird aus Trinkwasser gewonnen, dem Mineralstoffe oder Kohlensäure zugesetzt werden.

Basische Teerezepte

Unterstützung für einen stabilen Säure-Basen-Haushalt kommt auch aus der Natur. Einige Heilpflanzen fördern die Entsäuerung und haben neutralisierende Eigenschaften. Basenfreundlich und lecker sind Blütentees wie Orangenblütentee, Lindenblütentee und Holunderblütentee. Positiv für die Basenbilanz sind zudem Zitronenverbene, Zitronenmelisse sowie Rosmarin. Probieren Sie verschiedene Rezepte aus und wechseln Sie die Tees nach einer Weile. Die Zutaten bekommen Sie in der Apotheke.

Basischer Haustee: Je 50 g Brombeerblätter, Himbeerblätter, Orangen- oder Pomeranzenblüten mischen. 1 TL der Mischung mit einer Tasse kochendem Wasser übergießen, 10 Min. zugedeckt ziehen lassen, abseihen.

Apfelschalentee: 1 bis 2 TL getrocknete und zerkleinerte Apfelschalen mit 250 ml sie-

Mein Tipp

Meine Erfahrung hat gezeigt, dass der Tee am besten morgens vertragen wird. Das liegt daran, dass um diese Zeit der Stoffwechsel besonders rege ist: Zwischen 7 und 9 Uhr ist der Magen aktiv, von 9 bis 11 Uhr besonders Bauchspeicheldrüse und Milz.

dendem Wasser aufsetzen, 10 Min. zugedeckt ziehen lassen, abseihen und warm trinken.

Der folgende Tee unterstützt die Entsäuerung und wird deshalb auch im Rahmen von Reinigungs- und Fastenkuren eingesetzt.

Klassischer Entsäuerungstee: Je 50 g Fenchelsamen, Kümmelsamen, Anissamen mit 30 g Süßholzwurzel mischen. 1 EL der Mischung mit 1 Liter Wasser zum Kochen bringen. Einmal aufkochen und anschließend zugedeckt etwa 5 Min. ziehen lassen. Abseihen, in eine Thermoskanne abfüllen und über den Tag verteilt trinken.

Tees mit Ingwer: Aus der Lehre des Ayurveda kommen Teezubereitungen mit Ingwer, die säureneutralisierende, vitalisierende und reinigende Eigenschaften besitzen. Trinken Sie Ingwertee über den Tag verteilt, die letzte Tasse am frühen Nachmittag, da er anregend wirkt.

Reinigendes Ingwer-Wasser: 1 cm frischen Ingwer schälen, in feine Scheibchen schneiden und mit 1 Liter kochendem Wasser überbrühen, je nach Geschmack etwa 15 Min. ziehen lassen. Sie können das Ing-

Mein Tipp

Vielfach wird übersehen, dass bei basischen Mineralien abends und nachts niedrige Werte vorliegen. Deshalb bietet die abendliche Einnahme von magnesiumreichen Lebensmitteln (z. B. Kakao, Kürbiskerne) oder Mineralwasser (Seite 34) einen guten Schutz für die Nacht.

werwasser mit einem Spritzer frischem Zitronensaft und ganz wenig Honig ergänzen oder den Ingwer mit 1 EL Kreuzkümmel oder Kümmelsamen aufkochen.

Wer das Bindegewebe kräftigen und die Entgiftung anregen will, trinkt Stoffwechseltee: Löwenzahn und Brennnessel regen den Stoffwechsel an, wirken blutreinigend und unterstützen die Nierenfunktion. Ackerschachtelhalm stärkt das Bindegewebe, während Holunderblüten die Ausscheidung von Säuren über die Haut fördern.

Stoffwechseltee: 30 g Löwenzahn, 20 g Brennnesselblätter, 20 g Ackerschachtelhalm, 10 g Holunderblüten mischen. 1 TL der Mischung mit einer Tasse kochendem Wasser übergießen, 10 Min. ziehen lassen und abseihen. Drei bis vier Tassen über den Tag verteilt trinken, kurmäßig über 2 bis 3 Wochen.

Roibuschtee: 1 TL mit einer Tasse kochendem Wasser übergießen und einige Minuten nach Geschmack zugedeckt ziehen lassen und abseihen (kann für einen zweiten Aufguss verwendet werden). Der aus Südafrika stammende Roibuschtee enthält Eisen, Kupfer, Natrium und Kalium und ist frei von Koffein. Er besitzt eine milde natürliche Süße und wirkt neutralisierend.

So unterstützen Sie die Entsäuerung

Der Körper besitzt verschiedene Organsysteme, über die er überschüssige Säuren loswerden und sich selbst reinigen kann. Neben dem Blut sind es vor allem Darm, Nieren, Lunge, Leber und Haut.

Lunge: Über die Atmung wird Kohlensäure abgegeben. Bei oberflächlicher Atmung bleiben Säuren zurück. Darum ist es so wichtig, regelmäßig und tief zu atmen.

Nieren: arbeiten wie eine Kläranlage. Sie brauchen neutrale Flüssigkeit wie Wasser, um Säuren und andere belastende Stoffe auszuscheiden. Trinken Sie reichlich, um die Ausscheidung von Schlackenstoffen zu fördern.

Leber: Die Leber ist das wichtigste Entgiftungsorgan unseres Körpers. Über sie werden schädliche und überschüssige Stoffe abgebaut und ausgeschieden. Ein gestörter Säure-Basen-Haushalt belastet die Entgiftungsfunktion der Leber.

Haut: Regen Sie die Durchblutung an durch Sport. Ideal sind Bewegungsformen mit geringer, aber stetiger Belastung wie Radfahren, Schwimmen, Joggen oder Nordic Walking. Jeden Tag sollten Sie mindestens einmal ins Schwitzen geraten. Für den Körper ist das ein wichtiges Ausleitungsventil für Säuren. Gut sind zudem regelmäßig Saunabesuche. Die Haut wird auch als »dritte Niere« bezeichnet, da sie wesent-

Einen Leberwickel anlegen

Verwöhnen Sie Ihre Leber mit einem Leberwickel: 2 TL basisches Natriumbicarbonat in 250 ml heißem Wasser auflösen. Ein Tuch oder einen Waschlappen eintauchen, ausdrücken und so warm wie möglich auf die Leber (auf den unteren Rippenbogen am rechten Oberbauch) legen. Darüber kommt ein Handtuch und anschließend eine Wärmflasche. Der Entgiftungswickel kann so lange liegen bleiben, bis er abgekühlt ist. Ideale Zeit: am Wochenende nach dem Mittagessen oder abends im Bett.

lich zur Entsäuerung und Entgiftung des Organismus beiträgt. Wenn Sie unter Herz-Kreislauf-Erkrankungen leiden oder ein sensibles Herz-Kreislauf-System haben, sollten Sie vor Anwendungen wie Sauna oder Vollbädern mit Ihrem Arzt sprechen.

Darm: Ist die Verdauung in Ordnung, werden belastende Stoffwechselendprodukte über den Darm ausgeschieden. Fehlerhafte Keimbesiedelung oder andere Störungen führen zur Übersäuerung. Eine basen- und ballaststoffreiche Ernährung fördert die Gesundheit des Darms.

Lymphsystem: Neben den Blutgefäßen gibt es noch ein weiteres System, das unseren Körper von Kopf bis Fuß durchzieht und dabei wichtige Abwehr- und Filterfunktionen erfüllt: das Lymphsystem. Als »Gewebewasser« transportiert die Lymphe aus den Zellen und Zellzwischenräumen Stoffwechselendprodukte und überschüssige Flüssigkeit ab. Pro Tag werden so etwa zwei Liter Lymphflüssigkeit gebildet, die für die Entgiftung und Reinigung des Körpers lebensnotwendig sind.

In der Tabelle finden Sie Maßnahmen, mit denen Sie Ihrem Körper bzw. einzelnen Organen und Organsystemen helfen können.

Wärmender Roibusch-Zimt-Tee

Für 1 Liter
1 Sternanis • 2 Nelken • 1 Stückchen Zimt-stange (ca. 3 bis 4 cm) • 2 gehäufte TL Roi-buschtee • 3 dünne Scheiben Ingwer

● Gewürze im Mörser zerstoßen. Mit Roi-buschtee und Ingwer in eine Kanne geben.

● Mit 1 Liter kochendem Wasser übergie-ßen, 5 bis 10 Min. ziehen lassen.

● Zimtstange entfernen, abseihen und ggf. mit etwas Honig abschmecken.

Hilfe für jedes Entsäuerungsorgan

Organ	Maßnahme
Darm	basenüberschüssige Ernährung
	viele Ballaststoffe (binden Stoffwechselschlacken)
	Entlastungstage
Nieren	ausreichend trinken: reines kohlensäurefreies Wasser, Stoffwechsel- und Kräutertees
Haut	Säuren ausschwitzen beim Sport und in der Sauna
Lunge	Säuren abatmen; tiefes Einatmen und Ausatmen
	Bewegung an der frischen Luft
Leber, Galle	Leberentlastungswickel
	Stoffwechseltee
	Kräuter, Bitterstoffe
Lymphe	Massagen
	Lymphdrainage
	Reinigendes Ingwer-Wasser

1, 2 oder 3 Entlastungstage

Wer beim Essen mal wieder für einen tüchtigen Säureschub gesorgt hat, sei es im Restaurant, auf der Party oder an der Imbissbude, dem tun Entlastungstage wie diese richtig gut. Machen Sie 1, 2 oder 3 Entlastungstage, wie es Ihnen am besten passt.

Ideal ist eine Wochenendkur und besonders gut für die Basenbilanz ist ein regelmäßiger Basentag pro Woche. Entscheiden Sie selbst, welcher Tag dafür infrage kommt: vielleicht Montag, Mittwoch oder Freitag, abhängig von Ihren Aktivitäten. Der Montag ist übrigens für viele Menschen ein passender Tag, weil man meist nicht so viel vorhat und dem Körper möglicherweise nach einem Schlemmer-Wochenende eine Entlastung guttut. Das dient der spürbaren Entgiftung und der Anregung des Stoffwechsels. Entlastungstage helfen auch als Einstieg bei der Umstellung auf Basenernährung und können ihr vorangehen.

Viel trinken

Zu den Entlastungstagen gehört immer viel Flüssigkeit, wie z. B. Entsäuerungstee, Kräutertee und reines Wasser. Wenn Sie Tee kaufen, dann am besten in Kräuter- oder Teeläden oder der Apotheke. Achten Sie darauf, dass dem Tee keine Aromazusätze beigegeben sind, denn selbst Tees können säuernd wirken. Bei Früchtetees wird das häufig durch den Zusatz von Ascorbinsäure (Vitamin C) und Zitronensäure hervorgerufen. Deshalb keine fertigen Teebeutel kaufen, lieber selbst mischen.

1. Entlastungstag

Ernährung	**Frühstück:**	Molke-Basendrink (Seite 57) + Entsäuerungstee (Seite 37)
	Vormittagssnack:	1 Banane + reinigendes Ingwer-Wasser (Seite 37)
	Mittagessen:	Grüner Salat mit Orangensauce (Seite 91) + Pellkartoffeln mit Gemüse-Tomaten-Sauce (Seite 94) + Quellwasser
	Nachmittagssnack:	Gemüsebouillon (Seite 69)
	Abendessen:	Fenchelgemüse mit Möhren (Seite 110) + Brot mit basischer Möhrencreme (Seite 67)
Bewegung	Fahren Sie mit dem Rad zum Wochenmarkt und kaufen Sie frisches Obst und Gemüse ein.	
Wohlfühlen	Atmen Sie die Säuren im Körper einfach ab – mit Atemübungen am offenen Fenster.	

2. Entlastungstag

Ernährung	**Frühstück:**	Buchweizenfrühstück mit frischen Früchten (Seite 49) + Entsäuerungstee (Seite 37)
	Vormittagssnack:	1 Glas Kefir
	Mittagessen:	Feldsalat mit Austernpilzen (Seite 82) + Fixe Gärtnersuppe nach Münchner Art (Seite 70) + Quellwasser
	Nachmittagssnack:	1 Schälchen getrocknete Feigen und Rosinen
	Abendessen:	Bircher-Kartoffeln (Seite 101) mit schnellem Frühlingsgemüse (Seite 95)
Bewegung	Machen Sie Sport oder gehen Sie in die Sauna – so werden die Säuren ganz einfach »aus dem Körper geschwitzt«.	
Wohlfühlen	Gönnen Sie sich eine Massage – entweder vom Fachmann oder selbst gemacht mit fein duftenden Ölen.	

3. Entlastungstag

Ernährung	**Frühstück:**	Geschäumte Sojamilch mit Kirschsaft (Seite 55) + Entsäuerungstee (Seite 37)
	Vormittagssnack:	Gemüsebouillon (Seite 69)
	Mittagessen:	Gemüsesticks mit Tomatenfrischkäse (Seite 82) + Quellwasser
	Nachmittagssnack:	Obstteller aus Birne und Apfel + Blütentee (Seite 37)
	Abendessen:	Kürbissuppe mit Ingwer und Sahne (Seite 69)
Bewegung	Raus an die frische Luft – je mehr, umso besser! Gehen Sie spazieren, das Wetter spielt keine Rolle.	
Wohlfühlen	Gönnen Sie sich ein Basenbad und nehmen Sie sich Zeit zur Entspannung, mit schöner Musik, Yoga oder Meditation.	

Mein Säure-Basen-Plan
für eine Woche

Warum nicht mal eine ganze Woche lang den Basenhaushalt auf
Vordermann bringen? Sie werden schnell merken, wie gut das tut und
dass Sie gar nicht mehr Arbeit haben, als wenn Sie »normal« kochten.

1. Tag	Frühstück:	Apfelbrot mit Rosinen und Mandeln (Seite 142) **und** Dattelcreme (Seite 52)
	Vormittagssnack:	Molke-Basendrink (Seite 57)
	Mittag:	Kürbissuppe mit Ingwer und Sahne (Seite 69)
	Nachmittagssnack:	1 Banane
	Abendessen:	Marinierter Tofu (Seite 94) mit Frühlingsgemüse (Seite 95)
2. Tag	Frühstück:	Amarant-Müsli mit Sultaninen und Kokos (Seite 50)
	Vormittagssnack:	Frisches Obst
	Mittag:	Kartoffelpizza mit Schafskäse (Seite 99)
	Nachmittagssnack:	Pfirsich-Zimt-Kompott (Seite 140)
	Abendessen:	Leichte Lauchcremesuppe (Seite 75) Sauerteigbrot mit Schinken
3. Tag	Frühstück:	Geschäumte Sojamilch mit Kirschsaft (Seite 55)
	Vormittagssnack:	Vollkornbrot mit gerösteter Sonnenblumencreme (Seite 64)
	Mittag:	Bunter Salat mit Hähnchenbrust (Seite 78)
	Nachmittagssnack:	Schälchen mit Rosinen, Mandeln und Datteln
	Abendessen:	Kartoffelgratin mit Blattspinat (Seite 98)

4. Tag	Frühstück:	Buchweizenfrühstück mit frischen Früchten (Seite 49)
	Vormittagssnack:	Gemüsebouillon (Seite 69)
	Mittag:	Misosuppe mit Basengemüse (Seite 77)
	Nachmittagssnack:	Mango-Lassi mit Limettensaft (Seite 54)
	Abendessen:	Schlemmer-Burger (Seite 109) mit Salat
5. Tag	Frühstück:	Sauerteigbrot mit frischem Mango-Kiwi-Aufstrich (Seite 52) und Möhren-Apfel-Saft mit Sellerie (Seite 55)
	Vormittagssnack:	Obstteller mit Birne und Beeren
	Mittag:	Pasta mit würziger Tomatensauce (Seite 93) und Rucolasalat mit Zitronendressing (Seite 78)
	Nachmittagssnack:	Basmati-Kokosreis mit Feigen (Seite 140)
	Abendessen:	Leichtes Kräuterschaumsüppchen (Seite 73)
6. Tag	Frühstück:	Wärmendes Dinkel-Porridge mit Kokos (Seite 51)
	Vormittagssnack:	Grüner Tee mit Traubensaft (Seite 59)
	Mittag:	Schwertfisch vom Grill (Seite 114) mit Salat
	Nachmittagssnack:	Ananas-Creamer (Seite 61)
	Abendessen:	Kartoffelsuppe (Seite 72)
7. Tag	Frühstück:	Brötchen mit Feigenbutter (Seite 51)
	Vormittagssnack:	Geschäumte Sojamilch mit Kirschsaft (Seite 55)
	Mittag:	Thymian-Ratatouille mit Hühnerbrust (Seite 126)
	Nachmittagssnack:	Beeren-Crumble (Seite 134)
	Abendessen:	Maronen mit Rotkraut (Seite 96)

Chicoréesalat mit Apfel und
Putenstreifen (Seite 84)

Die Genießer-Rezepte

Sie möchten Ihren Säure-Basen-Haushalt von Grund auf stabilisieren? Diese Rezepte machen eine basengesunde Ernährung lecker und leicht!

FRÜHSTÜCKSIDEEN UND GETRÄNKE

Buchweizenfrühstück mit frischen Früchten

Basenwert: ★
für 2 Personen
⊘ 10 Min. + Einweichzeit

6 EL Buchweizen • 1 Birne • 1 Granatapfel • 1 Banane (oder andere Früchte der Saison) • 6 EL Dickmilch • Zimtpulver • 1 Msp. Kardamompulver • 1 TL abgeriebene Schale einer unbehandelten Orange • 2 EL gehackte Mandeln

● Den Buchweizen am Vorabend in einem Sieb heiß abspülen und in etwas Wasser einweichen. Am nächsten Tag mit dem Einweichwasser kurz aufkochen. Etwas quellen lassen.

● Die Birne waschen, nach Belieben schälen, vierteln und entkernen. Birnenviertel klein schneiden. Den Granatapfel halbieren und das Fruchtfleisch und die Kerne mit einem Löffel herausholen. Die Banane schälen und klein schneiden.

● Alle Früchte in einer Schüssel vermischen. Die Dickmilch und den Buchweizen zugeben und untermischen. Mit 1 Prise Zimt, Kardamom und der Orangenschale abschmecken.

● Mandeln darüberstreuen.

Nährwerte pro Person
345 kcal • 8 g E • 9 g F • 58 g KH

Amarant-Müsli mit Sultaninen und Kokos

Basenwert: ★
für 2 Personen
⊘ 10 Min.

5 EL gepuffter Amarant (Bioladen) • 4 EL Sultaninen • 2 EL Kokosflocken • 2 Äpfel (oder anderes Obst nach Geschmack) • 1 TL Apfeldicksaft (aus dem Bioladen) • 1 Msp. Muskatblüte • 200 g frischer Naturjoghurt oder 200 ml Sojamilch • 2 EL Hirseflocken

● Den Amarant mit den Sultaninen und den Kokosflocken in eine Schüssel geben.

● Die Äpfel waschen, nach Belieben schälen, vierteln, entkernen und die Viertel in kleine Stückchen schneiden. Apfelstücke in zwei Schüsseln geben und mit den anderen Zutaten vermischen. Diese Mischung mit etwas Apfeldicksaft und Muskatblüte abschmecken.

● Das Müsli nach Geschmack mit Joghurt oder Sojamilch anrichten. Die Hirseflocken darüberstreuen.

Wussten Sie schon, … dass in Südamerika Amarant in früheren Zeiten das Korn der Inkas war? Es enthält biologisch hochwertiges Eiweiß und ist glutenfrei.

Nährwerte pro Person
355 kcal • 10 g E • 7 g F • 63 g KH

Frischer Apfel-Bananen-Aufstrich

Basenwert: ★★★
für 2 Personen
⊘ 10 Min.

1 reife Banane • 1 Spritzer Zitronensaft • 2 kleine Äpfel • 2–3 EL Mandeln (ersatzweise gemahlene Mandeln) • ½ TL Honig

● Die Banane schälen und mit dem Pürierstab ganz fein pürieren. Mit etwas Zitronensaft beträufeln, damit sie nicht braun wird. Die Äpfel waschen, nach Belieben schälen, vierteln und entkernen. Die Apfelviertel auf der Gemüsereibe sehr fein reiben und mit dem Bananenpüree vermischen.

● Die Mandeln in der Gewürzmühle sehr fein mahlen und anschließend mit dem Obst gründlich vermischen.

● Den Aufstrich mit etwas Honig abschmecken und am besten gleich genießen.

Tipp Die leckere Erdbeermarmelade kann uns keiner verbieten! Weil sie aber viel Zucker (wirkt im Stoffwechsel säuernd) enthält, ist ein basischer Brotaufstrich wie dieser zwischendurch nicht schlecht. Denn Obst, die Mandeln und sogar der Honig liegen im Basenbereich.

Nährwerte pro Person
205 kcal • 4 g E • 9 g F • 27 g KH

Feigenbutter auf französische Art

Basenwert: ★★
für 6 Personen
⊘ 10 Min. + Einweichzeit

100 g getrocknete Feigen • 100 g Rote Johannisbeeren • 75 g weiche Butter • 1 haselnussgroßes Stück Ingwer • 1 TL Honig • Zimtpulver • ½ TL abgeriebene Schale einer unbehandelten Zitrone

● Die Feigen mehrere Stunden oder über Nacht in etwas Wasser einweichen. Das Einweichwasser abgießen, die Feigen trocknen und in kleine Stücke schneiden. Die Johannisbeeren verlesen, waschen und von den Rispen streifen.

● Die Butter mit dem Schneebesen schaumig rühren. Feigen, Butter und Beeren in eine Schüssel geben und mit dem Pürierstab zu einer glatten Creme mixen.

● Den Ingwer schälen, sehr fein hacken und unter die Creme heben.

● Die Creme mit Honig, 1 Prise Zimt und der Zitronenschale abschmecken.

Tipp Trockenfrüchte haben enormes Basenpotenzial, sie dürfen allerdings nicht geschwefelt sein.

Nährwerte pro Person
150 kcal • 1 g E • 11 g F • 11 g KH

Wärmendes Dinkel-Porridge mit Kokos

Basenwert: ★
für 2 Personen
⊘ 20 Min.

1 EL Butter • 4 EL Dinkelflocken • 125 ml Milch (1,5 %) oder Sahne • Salz • 1 gestrichener TL Kardamompulver • 2 EL Kokosflocken • 1 EL Imkerhonig

● In einem kleinen Topf die Butter bei schwacher Hitze zerlassen und die Dinkelflocken hineingeben. Dinkelflocken einige Min. unter Rühren leicht anrösten.

● 125 ml Wasser mit der Mich (oder Sahne) vermischen und nach und nach dazugießen.

● 1 Prise Salz, das Kardamompulver und die Kokosflocken hinzufügen. So lange rühren, bis sich die Zutaten verbunden haben. Porridge bei ganz schwacher Hitze in 10 bis 15 Min. weich köcheln.

● Mit Honig abschmecken und sofort servieren.

Wussten Sie schon, … dass Dinkel-Porridge ein ayurvedisches Rezept ist? Der aus Indien stammende Kardamom wirkt wärmend und fördert die Verdauung.

Nährwerte pro Person
259 kcal • 6 g E • 12 g F • 30 g KH

Mango-Kiwi-Aufstrich mit Vanille

Basenwert: ★★★
für 4 Personen
⊘ 15 Min.

1 kleine Mango • 2 Kiwis • ½ TL Agavendicksaft • 1 Prise gemahlener Ingwer • ½ TL Bourbon-Vanille (Reformhaus) • 1 gestrichener TL Agar-Agar (Reformhaus)

● Die Mango schälen, halbieren und das Fruchtfleisch vom Stein schneiden. Fruchtfleisch in kleine Stücke schneiden. Die Kiwis schälen und klein schneiden.

● Die Früchte mit dem Agavendicksaft in einen Topf geben und mit dem Pürierstab glatt pürieren.

● Den gemahlenen Ingwer, die Vanille und das Agar-Agar in den Topf geben und unterrühren. Die Mischung unter gelegentlichem Rühren zum Kochen bringen und 2 Min. bei mittlerer Hitze kochen lassen. Den Aufstrich in ein Glas füllen und abkühlen lassen.

Wussten Sie schon, … dass Agar-Agar die pflanzliche Alternative zur Gelatine (tierisches Eiweiß) ist? Das natürliche Geliermittel wird aus mineralstoffreichen Meeresalgen gewonnen.

Nährwerte pro Person
65 kcal • 0,5 g E • 0,3 g F • 14 g KH

Orientalische Dattelcreme

Basenwert: ★★
für 4 Personen
⊘ 10 Min.

100 g weiche Butter • 10 getrocknete Datteln • ½ Banane • 1 TL Zitronensaft • 2 EL gemahlene Mandeln

● Die Butter mit dem Handrührgerät schaumig rühren. Die Datteln waschen, trocknen und mit einem spitzen Messer entsteinen.

● Die Banane schälen und in grobe Stücke schneiden. Die Datteln und die Bananenstücke mit dem Zitronensaft pürieren.

● Die gemahlenen Mandeln unterrühren. Die Mischung mit der schaumigen Butter verrühren. Nach Belieben mit etwas Zitronensaft abschmecken.

Tipp Datteln werden meistens getrocknet angeboten, da sie so sehr lange haltbar sind. Zunehmend sieht man auch bei uns frische Datteln, die weniger süß sind als die getrockneten und innerhalb weniger Tage verbraucht werden müssen.

Nährwerte pro Person
265 kcal • 1,5 g E • 24 g F • 12 g KH

Mango-Kiwi-Aufstrich mit Vanille

Tofu-Aufstrich mit Sesamsamen

Basenwert: ★★
für 2 Personen
⊘ 15 Min.

100 g Bio-Tofu • 2 EL Joghurt • 1 EL Essig •
Meersalz • Pfeffer • Paprikapulver • 1 EL Sojasauce • 2 EL Sesamsamen • 1 kleine Zwiebel •
½ rote Paprikaschote • 2 kleine Gewürzgurken • 2 Stängel Petersilie

● Den Tofu in einen tiefen Teller geben und
mit einer Gabel zerdrücken. Mit Joghurt
und Essig verrühren, mit Salz, Pfeffer, Paprikapulver und Sojasauce abschmecken.

● Die Sesamsamen ohne Fett in einer
Pfanne goldbraun rösten. 1 TL für die Deko
beiseitestellen, die restlichen Sesamsamen
unter den Tofu rühren.

● Die Zwiebel abziehen und klein schneiden. Die Paprikaschote waschen, putzen
und ebenfalls klein schneiden. Die Gewürzgurken abtropfen lassen und in kleine Würfel schneiden. Zwiebel, Paprikaschote und
Gewürzgurken unter den Tofu heben.

● Die Petersilie waschen und fein hacken.
Den Aufstrich mit Petersilie und Sesamsamen bestreuen.

Nährwerte pro Person
85 kcal • 8 g E • 4 g F • 4 g KH

Mango-Lassi mit Limettensaft

Basenwert: ★★
für 2 Gläser
⊘ 5 Min.

1 kleine reife Mango (ersatzweise Pfirsich
oder Apfel) • 1 Orange • 100 g Kefir • 50 g Naturjoghurt • 1–2 TL Limettensaft • 100 ml Mineralwasser • 1 TL Kokosraspel

● Die Mango halbieren und schälen. Den
Stein entfernen und das Fruchtfleisch in
kleine Stücke schneiden. Die Orange halbieren und den Saft auspressen.

● Die Mangostücke mit dem Kefir, dem Joghurt, dem Orangen- und Limettensaft in
den Mixer geben und pürieren.

● Das Lassi auf zwei Gläser verteilen und
mit gekühltem Mineralwasser auffüllen.
Mit den Kokosraspeln verzieren.

Wussten Sie schon, … dass Mangos aus Indien kommen? Von dort stammt auch das
erfrischende, basenreiche Rezept mit Joghurt.

Nährwerte pro Glas
225 kcal • 5 g E • 5 g F • 37 g KH

Möhren-Apfel-Saft mit Sellerie

Basenwert: ★★★
für 2 Gläser
⊘ 10 Min.

6 junge Möhren • 2 Scheiben Knollensellerie (ca. 200 g) • 1 Apfel • Saft von ½ Zitrone • magnesiumreiches Mineralwasser

● Die Möhren gründlich waschen, putzen und in dünne Scheiben schneiden.

● Den Knollensellerie schälen und in kleine Stücke schneiden. Den Apfel waschen, nach Belieben schälen, vierteln und entkernen. Die Apfelviertel in kleinere Stücke schneiden.

● Möhren, Sellerie und Apfel in den Entsafter geben. Den Saft auf zwei Gläser verteilen und mit frisch gepresstem Zitronensaft und Mineralwasser auffüllen.

Tipp Wer wenig Zeit hat, nimmt Möhren- und Apfelsaft aus der Flasche. Ideal ist der Drink übrigens auch nach dem Sport, weil er die Basendepots mit wichtigen Mineralien auffüllt. In jedem Fall eine ideale Basenkombination von Obst und Gemüse. Äpfel haben einen hohen Gehalt an Kalium, Möhren den höchsten Karotingehalt aller Gemüsesorten.

Nährwerte pro Glas
110 kcal • 3 g E • 1 g F • 21 g KH

Geschäumte Sojamilch mit Kirschsaft

Basenwert: ★★★
für 2 Gläser
⊘ 5 Min.

1 reife Banane • 200 ml Sojamilch • 100 ml Kirschsaft • 1 Prise Bourbon-Vanille (Reformhaus) • einige Eiswürfel (nach Belieben)

● Die Banane schälen, in Stücke schneiden und in den Mixer geben. Die Sojamilch und den Kirschsaft dazugeben.

● Die Banane mit der Milch und dem Saft im Mixer vermischen und aufschäumen.

● Den Drink mit etwas Bourbon-Vanille verfeinern und auf zwei Gläser verteilen. Nach Belieben einige Eiswürfel zerstoßen und in die Drinks geben.

Variationen Natürlich können Sie Sojamilch auch mit anderen Früchten, beispielsweise Himbeeren, Kirschen, Papaya, Orangen oder Ananas kombinieren. Probieren Sie es aus!

Tipp Achten Sie beim Einkauf darauf, dass die Sojamilch nicht gentechnisch manipuliert worden ist und möglichst aus biologischem Anbau stammt. Sojamilch ist basisch und enthält reichlich gesundheitsfördernde Isoflavone.

Nährwerte pro Glas
140 kcal • 8 g E • 4 g F • 25 g KH

Melonendrink mit Heidelbeeren

Melonendrink mit Heidelbeeren

Basenwert: ★★★
für 4 Gläser
⊘ 10 Min.

500 g gekühltes Fruchtfleisch einer Melone (z. B. Galia) • 5 EL Heidelbeeren • Saft von ½ Limette • 300 g Molke • 1 Msp. Bourbon-Vanille (Reformhaus) • ½ TL Honig

● Die Melone von der Schale schneiden, die Kerne entfernen und das Fruchtfleisch würfeln. Die Heidelbeeren waschen und mit der Melone im Mixer pürieren.

● Den Limettensaft und die Molke unter das Fruchtpüree heben.

● Mit der Bourbon-Vanille und etwas Honig abschmecken.

Tipp Der ideale Drink nach dem Sport: Molke enthält viele wertvolle Inhaltsstoffe wie Kalzium und Magnesium bei relativ wenig Kalorien.

Nährwerte pro Glas
60 kcal • 1 g E • 1 g F • 13 g KH

Molke-Basendrink mit leichter Schärfe

Basenwert: ★★
für 4 Gläser
⊘ 10 Min.

5 Eiswürfel • 200 ml Molke • 300 ml Gemüsesaft nach Geschmack • 100 ml Orangensaft • 1 Spritzer Tabasco • Salz • Pfeffer

● Die Eiswürfel grob zerstoßen. Das geht am besten, indem Sie sie in einen Gefrierbeutel geben und dann mit dem Nudelholz oder einer Flasche zerkleinern.

● Die Molke mit dem Gemüsesaft und dem Orangensaft im Mixer vermischen oder in eine Schüssel geben und mit dem Schneebesen aufschlagen. Die Mischung mit Tabasco, Salz und 1 Prise Pfeffer abschmecken. Die zerstoßenen Eiswürfel dazugeben.

● Den Molke-Drink auf vier Gläser verteilen und sofort servieren.

Tipp Molke mit Obst und Gemüse – so einfach und köstlich ist das Basenglück. Frische Molke ist basenüberschüssig und reich an basischen Mineralstoffen, Gemüse sowieso. Dies ist der perfekte Drink für die Mini-Küche: Auch ohne Mixer und Entsafter lässt er sich ganz einfach zubereiten.

Nährwerte pro Glas
35 kcal • 1,5 g E • 0,5 g F • 5 g KH

Johannisbeer-Kefir mit Melisse

Basenwert: ★★★
für 2 Gläser
⏱ 5 Min.

100 g frische Rote Johannisbeeren (ersatzweise TK-Beeren) • 100 ml Apfelsaft • ½ l Kefir • 2 Melissenzweige

● Die Johannisbeeren verlesen, waschen und abtupfen (TK-Beeren auftauen lassen). Beeren von den Rispen streifen und in den Mixer geben.

● Den Apfelsaft und den Kefir dazugeben und alles fein pürieren.

● Die Melissenzweige waschen und trocken schütteln. Den Drink in zwei Gläser füllen, mit je 1 Melissenzweig dekorieren und am besten gleich servieren.

Nährwerte pro Glas
200 kcal • 9 g E • 9 g F • 18 g KH

Roibuschtee mit Johannisbeersaft

Basenwert: ★★★
für 4 Gläser
⏱ 10 Min.

2 gestrichene TL Roibuschtee • 300 ml Bio-Johannisbeersaft • Agavendicksaft (Reformhaus) • 4 Eiswürfel

● Den Roibuschtee mit 400 ml kochendem Wasser übergießen und 3 bis 5 Min. ziehen lassen. Anschließend abseihen und abkühlen lassen.

● Den abgekühlten Tee mit dem Johannisbeersaft vermischen und mit ganz wenig Agavendicksaft abschmecken.

● Je 1 Eiswürfel in jedes Glas geben, den Saft daraufgießen und die Drinks sofort servieren.

Wussten Sie schon, … dass der aus Südafrika stammende Roibuschtee Eisen, Kupfer, Natrium und Kalium enthält und frei von Koffein ist? Besonders hoch ist der Gehalt an Eisen, das vom Körper sehr gut verwertet werden kann. Der Tee besitzt eine milde, natürliche Süße und ist auch schon für Kleinkinder geeignet. Er wirkt im Stoffwechsel neutralisierend.

Nährwerte pro Glas
60 kcal • 0,5 g E • 0 g F • 13 g KH

Grüner Tee mit weißem Traubensaft

Basenwert: ★★★
für 2 Gläser
⊘ 10 Min.

2 gestrichene TL grüner Tee • 300 ml weißer Traubensaft • 4 Eiswürfel

● Die grünen Teeblätter mit etwa 80 °C heißem Wasser übergießen und sofort wieder abgießen. Die feuchten Teeblätter mit 200 ml heißem Wasser begießen und 2 bis 3 Min. ziehen lassen. Nach dieser Zeit abseihen. (Durch diese Zubereitung schmeckt grüner Tee mild und verliert Bitterstoffe.)

● Den grünen Tee abkühlen lassen und mit dem Traubensaft vermischen.

● Je 2 Eiswürfel in ein Glas geben und den Drink daraufgießen.

Wussten Sie schon, … dass grüner Tee im basischen Bereich liegt und einer Übersäuerung entgegenwirkt? In China und Japan wird er wegen seiner entgiftenden Wirkung geschätzt. Dort sagt man grünem Tee auch nach, dass er Alterungsprozesse verzögern kann.

Nährwerte pro Glas
100 kcal • 0,5 g E • 0 g F • 25 g KH

Aprikosenbuttermilch mit Limettensaft

Basenwert: ★★
für 2 Gläser
⊘ 10 Min.

8 reife Aprikosen • 500 g Buttermilch • 1 TL Limettensaft • 1 EL Agavendicksaft (Reformhaus) • 1 EL Pistazien ohne Schale • 4 Eiswürfel

● Die Aprikosen waschen, halbieren, entsteinen und in Spalten schneiden. Aprikosenspalten in den Mixer geben.

● Die Buttermilch, den Limettensaft und den Agavendicksaft dazugeben und alles pürieren. Die Pistazien grob hacken.

● Die Frucht-Buttermilch in zwei Gläser füllen. Die Eiswürfel zerstoßen und dazugeben. Die Frucht-Buttermilch mit den gehackten Pistazien bestreuen.

Tipp Auch getrocknete Aprikosen haben ein hohes Basenpotenzial. Achten Sie darauf, dass Sie ungeschwefelte Früchte kaufen. Aprikosen enthalten übrigens auch viel Karotin, eine Vorstufe von Vitamin A. Agavendicksaft ist ein klarer Sirup, der gut mit Obst harmoniert und den Eigengeschmack der Früchte hervorhebt. Sie bekommen ihn im Reformhaus.

Nährwerte pro Glas
205 kcal • 12 g E • 4 g F • 34 g KH

Ananas-Creamer mit Chili und Banane

Ananas-Creamer mit Chili und Banane

Basenwert: ★★
für 2 Gläser
⊘ 5 Min.

¼ Ananas • 1 Banane • 1 Stückchen getrocknete Chilischote • 1 EL Zitronensaft • 200 ml frische Milch • 4 Eiswürfel

● Die Ananas schälen, dabei die »Augen« herausschneiden. Den harten Strunk in der Mitte ebenfalls herausschneiden. Die Banane schälen. Beide Früchte grob zerkleinern und in den Mixer geben.

● Die Chilischote im Mörser ganz fein zerstoßen. Chili, Zitronensaft und Milch in den Mixer zu den Früchten geben.

● Die Mischung pürieren und in zwei Gläser mit Eiswürfeln füllen.

Nährwerte pro Glas
190 kcal • 4 g E • 4 g F • 33 g KH

Variation Ananas-Frappé ist eine leckere basische Erfrischung. Für 4 Gläser eine halbe Ananas schälen und in Stücke schneiden. 20 Eiswürfel im Mixer grob zerkleinern. Ananasstücke hinzufügen und alles zu einer glatten Masse rühren.
Basenwert: ★★★

Nährwerte pro Glas
80 kcal, 1 g E, 0,5 g F, 19 g KH

Gemüse-Shake mit Paprikaschote

Basenwert: ★★★
für 4 Gläser
⊘ 5 Min.

2 rote Paprikaschoten • ½ Salatgurke • 500 g Molke • Salz • Pfeffer • Paprikapulver

● Die Paprikaschoten waschen, putzen und in grobe Stücke schneiden. Die Gurke waschen, nach Belieben schälen, längs halbieren und ebenfalls in grobe Stücke schneiden.

● Die Gemüsestücke in den Mixer geben. Die Molke dazugeben und alles pürieren. Die Mischung mit Salz, Pfeffer und etwas Paprikapulver abschmecken.

● Den Shake auf vier Gläser verteilen und sofort servieren.

Tipp Gemüse und Molke sorgen in diesem Getränk für eine positive Basenbilanz. Ideal als kleine Mahlzeit zwischendurch oder vor einer Brotzeit. Frische Getränke mit Molke sind auch nach dem Sport ideal: Molke enthält viel Kalzium und Magnesium bei relativ wenig Kalorien. Sie können die Molke für einen süßen Shake auch mit einer reifen Mango oder mit Himbeeren mixen.

Nährwerte pro Glas
50 kcal • 2 g E • 0,5 g F • 9 g KH

KLEINIGKEITEN

Crostini mit frischen Kräutertomaten

Basenwert: ★
für 2 Personen
⊘ 15 Min.

4 kleine reife Tomaten • 1 Handvoll frische Kräuter (Basilikum, Schnittlauch, Petersilie) • 1 Knoblauchzehe • 1 rote Peperoni • Meersalz • Pfeffer • 1 EL Aceto balsamico • 1 EL Olivenöl • 4 Scheiben italienisches Weißbrot (à ca. 20 g)

● Die Tomaten in heißes Wasser tauchen, kalt abschrecken und die Haut abziehen. Das Fruchtfleisch klein schneiden und in eine Schüssel geben, die Kerne entfernen.

● Die Kräuter waschen, trocknen und fein hacken. Den Knoblauch abziehen und ebenfalls fein hacken. Kräuter und Knoblauch unter die Tomaten mischen.

● Die Peperoni waschen, putzen, längs halbieren und die Samen und Trennwände entfernen. Peperoni sehr klein schneiden und unter die Tomatenmischung rühren. Mit Salz, Pfeffer, Essig und Öl abschmecken.

● Das Brot im Ofen kurz rösten oder im Toaster toasten. Die Tomatenmischung auf den Brotscheiben verteilen und sofort servieren.

Nährwerte pro Person
185 kcal • 54 g E • 6 g F • 28 g KH

Schafskäsecreme mit getrockneten Tomaten

Basenwert: ★ (mit Pellkartoffeln)
für 2 Personen
⊘ 10 Min.

200 g Schafskäse • 2 EL Sahne (oder Oli-venöl) • ½ rote Zwiebel • 1–2 Knoblauch-zehen • 3 EL getrocknete, in Öl eingelegte Tomaten • 3 EL grüne Oliven (ohne Stein) • 1 Stängel Oregano (oder Thymian) • Meersalz • Pfeffer • 1 Stängel frische Minze

● Schafskäse in einen tiefen Teller geben und mit einer Gabel zerdrücken. Mit der Sahne zu einer glatten Paste verrühren.

● Die Zwiebel und die Knoblauchzehen ab-ziehen und fein hacken. Tomaten und Oli-ven kurz abtropfen lassen und in kleine Würfel schneiden. Zwiebel, Knoblauch, Tomaten und Oliven unter die Schafs-käsecreme rühren.

● Den Oregano waschen, trocknen und sehr fein hacken. Unter die Creme rühren.

● Die Schafskäsecreme mit wenig Salz und frisch gemahlenem Pfeffer abschmecken. Die Minze waschen, trocknen und die Blätt-chen über die Creme streuen.

Das passt dazu frisch geröstetes Sauer-teigbrot oder Pellkartoffeln

Nährwerte pro Person
360 kcal • 22 g E • 29 g F • 2 g KH

Geröstete Sonnen-blumencreme

Basenwert: ★
für 2 Personen
⊘ 15 Min.

100 g Sonnenblumenkerne • 2 EL Sonnenblu-menöl • 1 TL Zitronensaft • Meersalz • Pfeffer • Paprikapulver • 1 TL frisch geriebener Meerret-tich (ersatzweise Meerrettich aus dem Glas) • 1–2 Stängel Petersilie

● Die Sonnenblumenkerne in einer Pfanne ohne Fett leicht anrösten, bis sie duften. Kurz abkühlen lassen und in den Mixer ge-ben.

● Geröstete Kerne mit dem Sonnenblu-menöl vermischen und mit Zitronensaft, Salz, Pfeffer und Paprikapulver kräftig wür-zen. Den Meerrettich untermischen.

● Alle Zutaten im Mixer zu einer glatten Creme pürieren und nochmals abschme-cken.

● Die Petersilie waschen, trocknen, grob hacken und auf die Creme streuen.

Tipp Ein leckerer Brotaufstrich, der ganz ohne säurelastiges tierisches Eiweiß aus-kommt.

Nährwerte pro Person
390 kcal • 13 g E • 35 g F • 7 g KH

Kartoffelmus mit Gemüsewürfeln

Basenwert: ★★★
für 2 Personen
⊘ 30 Min.

3 mittelgroße junge Kartoffeln • 3 EL Olivenöl •
½ grüne Paprikaschote • 1 kleine Tomate • 1
Schalotte • 1 Knoblauchzehe • 1 Bund Schnittlauch • 1 Spritzer Zitronensaft • Meersalz •
Pfeffer • Muskatnuss

● Die Kartoffeln in Salzwasser in etwa
15 Min. weich kochen, pellen und durch die
Presse drücken. Die noch warmen Kartoffeln mit dem Öl cremig rühren.

● Die Paprikaschote und die Tomate
waschen, putzen und sehr fein würfeln. Pa-
prika- und Tomatenwürfel zu den Kartoffeln geben und unterrühren.

● Die Schalotte und den Knoblauch abziehen, beides ebenfalls sehr fein hacken und
unter das Kartoffelmus rühren. Alle Zutaten
nochmals gut vermischen. Den Schnittlauch
waschen, trocknen und klein schneiden. Die
Creme mit Zitronensaft, Salz, Pfeffer und
Muskatnuss kräftig abschmecken. Mit dem
Schnittlauch bestreuen und zu knusprigem
Sauerteigbrot servieren.

● Das passt dazu Grüner Salat mit Oran-
gensauce (Seite 91).

Nährwerte pro Person
270 kcal • 5 g E • 15 g F • 27 g KH

Feine Gurkenmousse mit frischer Minze

Basenwert: ★★
für 2 Personen
⊘ 20 Min.

1 Salatgurke • Meersalz • 200 g Frischkäse •
1 EL Sahne • 1 Bund Dill • 3 Stängel frische
Minze • 1 TL Zitronensaft • Pfeffer • 1 TL Meersalz

● Die Gurke schälen und in feine Scheiben
hobeln. In eine Schüssel geben und mit 1 TL
Meersalz mischen. 10 Min. stehen lassen.
Gurkenscheiben zum Abtropfen in ein Sieb
geben und zusätzlich kräftig ausdrücken.

● Gurkenscheiben in den Mixer geben. Den
Frischkäse und die Sahne dazugeben und
alles zu einer feinen Mousse pürieren.

● Dill und Minze waschen, trocknen,
hacken und unter die Mousse heben. Mit Zitronensaft, Pfeffer und wenig Meersalz abschmecken.

Tipp Gurken sind basisch und harnsäu-
relösend. Zur Gurkenmousse passen Brot
oder Pellkartoffeln oder die Gemüsesticks
(Seite 82). Gurken aus biologischem Anbau brauchen Sie nicht zu schälen. Direkt
unter der Schale befinden sich wichtige Mineralien und Vitamine.

Nährwerte pro Person
365 kcal • 12 g E • 33 g F • 4 g KH

Basische Möhrencreme

Basische Möhrencreme mit Petersilie und Chili

Basenwert: ★★★
für 2 Personen
⊘ 15 Min.

2 Schalotten • 1 Knoblauchzehe • 1 EL Olivenöl • 300 g Möhren • 1 TL gemahlener Kreuzkümmel • ½ TL Honig • 100 ml Gemüsebrühe • 1–2 TL Zitronensaft • 3 EL Joghurt • 5 Zweige glatte Petersilie • Kräutersalz • Chilipaste (aus dem Glas)

● Die Schalotten und den Knoblauch abziehen und sehr fein hacken. Das Olivenöl in einer Pfanne erhitzen, Schalotten und Knoblauch hineingeben und bei mittlerer Hitze glasig dünsten.

● Die Möhren waschen, putzen, nach Belieben schälen. Möhren raspeln oder in ganz dünne Scheiben hobeln. Möhren und Kreuzkümmel in die Pfanne geben und kurz anbraten. Den Honig, die Brühe und den Zitronensaft dazugeben. Das Gemüse bei schwacher Hitze weich dünsten, pürieren und abkühlen lassen.

● Den Joghurt unter die abgekühlte Gemüsecreme geben. Die Petersilie waschen, trocknen und klein schneiden. Die Creme mit Kräutersalz und Chilipaste würzig abschmecken und die Petersilie darunter heben.

Nährwerte pro Person
120 kcal • 3 g E • 6 g F • 14 g KH

Tomatenketchup wunderbar würzig

Basenwert: ★★★
für 1 Flasche
⊘ 25 Min.

2 Möhren • 500 g vollreife Tomaten • 1 Gemüsezwiebel • 1 kleiner säuerlicher Apfel • 1 EL Olivenöl • 1 TL Zitronensaft • 1 Tube Tomatenmark • Salz • Pfeffer • Paprikapulver • Currypulver • 1 TL Honig

● Die Möhren putzen, schälen und auf der Gemüsereibe fein raspeln. Die Tomaten waschen und vierteln, dabei den Stielansatz herausschneiden. Die Zwiebel abziehen und fein hacken. Den Apfel schälen, vierteln, entkernen und in kleine Stücke schneiden.

● Öl erhitzen und die Zwiebel darin bei mittlerer Hitze andünsten. Tomaten, Zitronensaft, Möhrenraspel sowie Apfelstücke und Tomatenmark dazugeben und alles etwa 15 Min. bei schwacher Hitze köcheln lassen.

● Die Sauce mit Salz, Pfeffer, Paprika- und Currypulver würzen. Den Honig unterrühren, abschmecken und nach Belieben noch etwas Zitronensaft dazugeben.

● Die Sauce in den Mixer geben und zu einem glatten Ketchup verarbeiten. In Gläser oder eine Flasche füllen.

Nährwerte pro Flasche
360 kcal • 10 g E • 13 g F • 48 g KH

Avocado-Salsa mit Chili und Koriander

Basenwert: ★★★
für 2 Personen
⊘ 10 Min.

2 reife Avocados • 1 TL Zitronensaft •
1 Zwiebel • 1 Knoblauchzehe • ½ grüne Chilischote • 1 Tomate • Salz • Pfeffer • 2 Stängel
frischer Koriander (ersatzweise Schnittlauch)

● Die Avocados jeweils in der Mitte durchschneiden und die Hälften gegeneinander
drehen, bis sie sich voneinander lösen. Den
Stein entfernen, das Fruchtfleisch mit dem
Löffel herausheben und sofort mit etwas Zitronensaft beträufeln. In einem tiefen Teller
mit einer Gabel zerdrücken.

● Die Zwiebel und die Knoblauchzehe abziehen. Die Zwiebel ganz fein schneiden,
den Knoblauch durchpressen. Die Chilischote waschen, putzen und ganz fein
schneiden. Die Tomate fein würfeln. Den
Koriander waschen, trocknen, die Blättchen
abzupfen und klein schneiden.

● Zwiebel, Knoblauch, den restlichen Zitronensaft, Chili, Salz und Pfeffer zum Avocado-
mus geben und alle Zutaten gut vermischen.
Den Koriander und die Tomatenwürfel ganz
zum Schluss unterheben.

Wussten Sie schon, ... dass Avocados wertvolle pflanzliche Fettsäuren enthalten, die
wohltuend für die Haut sind?

Nährwerte pro Person
360 kcal • 4 g E • 36 g F • 13 g KH

Basensuppe mit Kartof-feln und Blumenkohl

Basenwert: ★★★
für 2 Personen
⊘ 20 Min.

3 mittelgroße Kartoffeln • ½ kleiner Blumenkohl • 500 ml Gemüsebrühe • 1 EL saure
Sahne • Meersalz • frisch geriebene Muskatnuss • 1 Spritzer Zitronensaft • frische Kräuter,
z. B. Thymian, Kerbel

● Die Kartoffeln schälen und in Würfel
schneiden. Den Blumenkohl in Röschen zerteilen und waschen. Kartoffelwürfel und
Blumenkohlröschen in einen Topf geben,
mit der Gemüsebrühe auffüllen und in etwa
20 Min. weich kochen.

● Den Topf von der Herdplatte ziehen und
das Gemüse mit dem Pürierstab pürieren.

● Die saure Sahne unterziehen und die
Suppe mit Salz, Muskatnuss und Zitronensaft abschmecken. Kräuter waschen, trocknen, klein schneiden und darüberstreuen.

Nährwerte pro Person
155 kcal • 7 g E • 2 g F • 28 g KH

Kürbissuppe mit Ingwer und Sahne

Basenwert: ★★★
für 4 Personen
⊘ 25 Min.

500 g Hokkaidokürbis • 1 Zwiebel • 1 haselnussgroßes Stück Ingwer • je 1 EL Butter und Rapsöl • 1 Lorbeerblatt • Salz • Pfeffer • 1–2 EL Weißwein • etwa 500 ml heiße Gemüsebrühe • 2 EL Sahne • 1 Spur Agavendicksaft • 1 Spritzer Zitronensaft • 4 EL Kürbiskerne

● Den Kürbis entkernen und die Kerne zur Seite stellen. Das Kürbisfleisch mit Schale in Würfel schneiden.

● Zwiebel und Ingwer abziehen und hacken. Butter und Öl in einem Topf erhitzen. Zwiebel, Ingwer und das Lorbeerblatt andünsten. Das Kürbisfleisch dazugeben. Salzen, pfeffern und mit Weißwein ablöschen. Die Gemüsebrühe angießen.

● Das Gemüse bei schwacher Hitze in ca. 15 Min. garen. Mit dem Pürierstab pürieren. Die Sahne dazugeben und mit Salz, Pfeffer, Agavendicksaft und Zitronensaft abschmecken.

● Die Kürbiskerne ohne Fett anrösten. Die Suppe auf Teller geben und mit Kürbiskernen bestreuen.

Nährwerte pro Person
180 kcal • 5 g E • 11 g F • 15 g KH

Gemüsebouillon basisch nach F. X. Mayr

Basenwert: ★★★
für 4 Personen
⊘ 40 Min.

500 g Knollen- und Wurzelgemüse der Saison (z. B. Kartoffeln, Möhren, Petersilienwurzel, Knollensellerie und Kohlrabi) • 1 Stange Lauch • frische Kräuter nach Belieben (z. B. Thymian, Oregano) • 1 Lorbeerblatt • frisch geriebene Muskatnuss • Leinöl oder Olivenöl zum Verfeinern

● Das Gemüse mit einer Bürste unter fließendem Wasser gründlich säubern, (Kartoffeln, Sellerie und Kohlrabi schälen), putzen und in Stücke schneiden. Den Lauch längs aufschneiden, gründlich waschen und in Ringe schneiden.

● Das Gemüse in einen Topf geben und 2 Liter Wasser angießen. Die Kräuter waschen und mit dem Lorbeerblatt dazugeben. Die Brühe einmal aufkochen lassen und dann 30 Min. bei schwacher Hitze mehr ziehen als kochen lassen.

● Die Brühe durch ein Sieb abgießen, mit Muskatnuss würzen und mit einigen Tropfen Öl verfeinern.

Tipp Die Brühe können Sie portionsweise einfrieren.

Nährwerte pro Person
40 kcal • 2 g E • 1 g F • 7 g KH

Maronensuppe

Basenwert: ★★
für 2 Personen
⊘ 30 Min.

1 kleine Zwiebel • 1 Handvoll Champignons •
1 EL Butter • 2 Handvoll Spinat • Salz • Pfeffer •
250 g Maronen (vakuumverpackt) • 1 Knoblauchzehe • 500 ml Gemüsebrühe • 2 EL saure
Sahne

● Die Zwiebel abziehen und fein hacken.
Die Champignons abreiben, putzen und in
Scheiben schneiden. Beides in der Butter
glasig dünsten.

● Den Spinat waschen, putzen und klein
schneiden. Zu den Pilzen geben und unter
Rühren dünsten, bis er zusammenfällt. Mit
Salz und Pfeffer würzen und aus dem Topf
nehmen.

● Maronen in den Topf geben und im Sud
einige Min. dünsten. Den Knoblauch abziehen, auspressen und dazugeben. Die Gemüsebrühe angießen, aufkochen und die
Maronen bei schwacher Hitze ca. 10 Min.
garen. Die Suppe pürieren.

● Den Spinat wieder in die Suppe geben,
bei schwacher Hitze einige Min. köcheln.
Die Suppe mit der sauren Sahne verfeinern.

Wussten Sie schon, … dass Maronen sehr
kaliumreich sind und äußerst positiv auf
den Säuren-Basen-Haushalt wirken?

Nährwerte pro Person
340 kcal • 6 g E • 9 g F • 57 g KH

Fixe Gärtnersuppe

Basenwert: ★★★
für 4 Personen
⊘ 35 Min.

½ kleiner Blumenkohl • 1 Kohlrabi •
½ Staudensellerie • 1 Möhre • 1 Stück Wirsing • 1 Zwiebel • 2 Kartoffeln • 2 EL Olivenöl •
1 l Gemüsebrühe • Meersalz • Pfeffer • Paprikapulver • 1 Bund Kräuter (z. B. glatte Petersilie, Schnittlauch)

● Den Blumenkohl putzen und in kleine
Röschen teilen. Den Kohlrabi schälen und in
mundgerechte Stücke schneiden.

● Den Staudensellerie putzen, waschen
und klein schneiden. Die Möhre waschen und in mundgerechte Stücke schneiden. Den Wirsing waschen und in Streifen
schneiden. Die Zwiebel abziehen und würfeln. Die Kartoffeln schälen und in mundgerechte Stücke schneiden.

● Das Olivenöl in einem Topf erhitzen, die
Zwiebel kurz andünsten, das Gemüse dazugeben und die Gemüsebrühe dazugießen.
Alles etwa 25 Min. bei schwacher Hitze zugedeckt sanft kochen lassen.

● Die Suppe würzen und mit fein gehackten Kräutern bestreuen.

Tipp Verwenden Sie Saison-Gemüse!

Nährwerte pro Person
115 kcal • 7 g E • 6 g F • 23 g KH

Fixe Gärtnersuppe

Kartoffelsuppe schnell und sahnig

Basenwert: ★★★
für 2 Personen
⊘ 20 Min.

4 mittelgroße Kartoffeln • 1 Handvoll frisches Suppengemüse (ersatzweise TK-Gemüse) • 400 ml Gemüsebrühe • 1 Lorbeerblatt • 2 EL Sahne • Meersalz • Pfeffer • 2 Stängel Petersilie nach Geschmack

● Die Kartoffeln schälen und klein schneiden. Das Suppengemüse waschen und ebenfalls klein schneiden.

● Die Gemüsebrühe mit den Kartoffeln, dem Suppengemüse und dem Lorbeerblatt in einen Topf geben und bei schwacher Hitze etwa 15 Min. köcheln lassen.

● Das Lorbeerblatt entfernen, die Suppe mit dem Pürierstab pürieren und die Sahne unterrühren.

● Die Suppe mit Salz und Pfeffer abschmecken. Petersilie waschen, trocknen und die Blätter klein hacken. Die Suppe auf zwei Teller verteilen und mit der Petersilie bestreuen.

Nährwerte pro Person
190 kcal • 5 g E • 4 g F • 33 g KH

Champignonsuppe mit Sonnenblumenkernen

Basenwert: ★★
für 2 Personen
⊘ 10 Min.

2 Schalotten • 250 g braune Champignons • 1 EL Butter • 1 EL Weißwein • 100 g Crème légère • 500 ml Gemüsebrühe • Meersalz • Pfeffer • 2 EL Sonnenblumenkerne • ½ Bund Schnittlauch

● Die Schalotten abziehen und fein würfeln. Die Pilze abreiben, putzen und in feine Scheibchen schneiden.

● Die Butter in einem Topf erhitzen und die Schalotten darin andünsten. Die Champignons dazugeben und anschwitzen. Mit Weißwein ablöschen und kurz einkochen lassen.

● Die Crème légère dazugeben, unterrühren und kurz einkochen lassen. Die Gemüsebrühe angießen, aufkochen lassen und mit Salz und Pfeffer würzen.

● Die Sonnenblumenkerne ohne Fett kurz anrösten, bis sie duften. Den Schnittlauch waschen, trocknen und mit der Schere in Röllchen schneiden. Die Suppe auf zwei Teller verteilen und mit den Sonnenblumenkernen und den Schnittlauchröllchen bestreuen.

Nährwerte pro Person
245 kcal • 10 g E • 18 g F • 9 g KH

Leichtes Kräuterschaumsüppchen

Basenwert: ★★★
für 2 Personen
⊘ 25 Min.

2 mittelgroße Kartoffeln • 1 Zwiebel •
1 kleine Stange Lauch • 1 EL Rapsöl • 750 ml
Gemüsebrühe • 1 Bund Schnittlauch • 1 Bund
glatte Petersilie • 1 Kästchen Kresse (oder ½
Bund Dill) • 100 g Sahne • Meersalz • Pfeffer

● Die Kartoffeln schälen und in Würfel
schneiden. Die Zwiebel abziehen und klein
schneiden. Den Lauch putzen, waschen und
in Ringe schneiden.

● Kartoffeln, Zwiebel und Lauch kurz in Öl
andünsten. Die Gemüsebrühe dazugießen
und bei schwacher Hitze 15 Min. leise kochen lassen.

● Inzwischen die Kräuter waschen, trocknen
und grob hacken. Von der Kresse 2 EL für die
Deko beiseitelegen. Die Kräuter in die Gemüsebrühe geben und kurz ziehen lassen. Die
Suppe mit dem Pürierstab pürieren.

● Die Sahne halbsteif schlagen, unter die
Suppe heben und einmal kurz aufkochen
lassen. Die Suppe mit Salz und frisch gemahlenem Pfeffer abschmecken. Auf zwei Teller
verteilen und mit Kresse bestreuen.

Nährwerte pro Person
305 kcal • 5 g E • 25 g F • 8 g KH

Möhrensuppe mit Orangensaft

Basenwert: ★★★
für 2 Personen
⊘ 20 Min.

1 Möhre • 1 kleine Zwiebel • 1 haselnussgro
ßes Stück Ingwer • 1 EL Öl • 2 unbehandelte
Orangen • 500 ml Gemüsebrühe • Thymian •
Salz • weißer Pfeffer • 1 Handvoll Kresse • 1 TL
saure Sahne • frisch geriebene Muskatnuss

● Die Möhre putzen, schälen und in Scheiben schneiden. Die Zwiebel abziehen und
grob schneiden. Den Ingwer schälen und
fein hacken. Das Öl in einem Topf erhitzen
und die Möhrenscheiben, die Zwiebel und
den Ingwer darin bei mittlerer Hitze glasig
dünsten.

● Die Orangen heiß waschen, die Schale
abreiben und beiseitestellen. Orangen halbieren und den Saft auspressen. Den Saft
und die Brühe in den Topf geben und aufkochen lassen. Mit Thymian, Salz und Pfeffer
abschmecken und 10 bis 15 Min. zugedeckt
bei schwacher Hitze leise kochen lassen.

● Die Suppe pürieren. Die Kresse waschen.
Die Suppe auf zwei Teller verteilen und mit
saurer Sahne, Muskatnuss und Orangenabrieb verzieren. Kresse dazu reichen.

Nährwerte pro Person
145 kcal • 3 g E • 6 g F • 17 g KH

Erbsensamtsuppe

Erbsensamtsuppe mit Estragon

Basenwert: ★★★
für 2 Personen
⊘ 20 Min.

1 kleine Stange Lauch • 1 kleine Zwiebel •
1 Salatherz • 1 EL Butter • 200 g frische Erbsen
(ersatzweise TK-Erbsen) • 1 TL Estragon • 300 ml
Gemüsebrühe • 2 EL Sahne • Salz • weißer Pfeffer • 1 Spur Agavendicksaft • 2 TL Zitronensaft •
½ Bund Schnittlauch

● Den Lauch putzen, längs aufschneiden,
gründlich waschen und in dünne Scheiben
schneiden. Die Zwiebel abziehen und klein
würfeln. Das Salatherz waschen und in
Streifen schneiden. Die Butter in einem Topf
erhitzen. Lauch, Zwiebel und Salat in der
Butter bei schwacher Hitze kurz andünsten.

● Die Erbsen dazugeben und kurz mitdünsten. Den Estragon dazugeben, die Gemüsebrühe dazugießen und etwa 10 Min. bei
mittlerer Hitze kochen.

● Die Suppe mit dem Pürierstab pürieren
und die Sahne unterrühren. Mit Salz, weißem Pfeffer, Agavendicksaft und Zitronensaft abschmecken und noch einmal kurz erhitzen. Schnittlauch waschen, trocknen und
in feine Röllchen schneiden. Suppe auf zwei
Teller verteilen und mit dem Schnittlauch
bestreuen.

Nährwerte pro Person
375 kcal • 26 g E • 7 g F • 45 g KH

Leichte Lauchcreme-suppe

Basenwert: ★★★
für 4 Personen
⊘ 30 Min.

2 Lauchstangen • 3 mittelgroße Kartoffeln •
2 EL Butter • 2–3 Wacholderbeeren • 600 ml
Gemüsebrühe • 4 EL Sahne • Salz • Pfeffer •
frisch geriebene Muskatnuss

● Den Lauch putzen, längs aufschneiden,
gründlich waschen und in dünne Scheiben
schneiden.

● Die Kartoffeln schälen und in kleine Würfel schneiden. Die Butter in einem Topf zerlassen. Den Lauch und die Kartoffelwürfel darin andünsten. Die Wacholderbeeren
mit einer Gabel etwas andrücken und dazugeben.

● Die Gemüsebrühe dazugießen und die
Suppe zudeckt bei schwacher Hitze etwa
20 Min. leicht kochen lassen. Mit dem Pürierstab pürieren, die Sahne dazugeben und
noch einmal kurz aufkochen lassen.

● Die Suppe mit Salz, Pfeffer und Muskatnuss abschmecken.

Nährwerte pro Person
140 kcal • 3 g E • 8 g F • 14 g KH

Kartoffel-Mangold-Suppe

Basenwert: ★★★
für 2 Personen
⊘ 20 Min.

1 Zwiebel • 1 Möhre • 1 Stück Knollensellerie (ca. 100 g) • 3 mittelgroße Kartoffeln • 6 kleine Mangoldblätter • 2 TL Rapsöl • 1 Knoblauchzehe • 400 ml Gemüsebrühe • jodiertes Meersalz • Pfeffer • frisch geriebene Muskatnuss • 1 Prise Majoran • 1 EL saure Sahne

● Die Zwiebel abziehen und klein schneiden. Die Möhre schälen und ebenfalls klein schneiden. Den Sellerie und die Kartoffeln schälen und würfeln. Den Mangold waschen, putzen und in sehr feine Streifen schneiden.

● Das Öl in einem Topf erhitzen, die Zwiebel hineingeben, den Knoblauch abziehen und durch die Presse dazudrücken. Beides im Öl andünsten. Möhren, Sellerie und Kartoffeln dazugeben und mitdünsten. Die Gemüsebrühe angießen und das Gemüse bei schwacher Hitze zugedeckt in ca. 15 Min. gar kochen.

● Die Suppe mit Salz, Pfeffer, Muskatnuss und Majoran abschmecken, die Mangoldstreifen dazugeben und kurz aufkochen lassen. Anrichten und mit der sauren Sahne garnieren.

Nährwerte pro Person
140 kcal • 6 g E • 10 g F • 30 g KH

Brennnesselsuppe mit Sahne

Basenwert: ★★★
für 2 Personen
⊘ 25 Min.

1 Kartoffel • 1 kleine Zwiebel • 1 TL Butter • 500 ml Gemüsebrühe • 250 g junge Brennnesselblätter • 1 Spritzer Zitronensaft • Salz • Pfeffer • 4 EL Sahne

● Kartoffel schälen und fein würfeln. Zwiebel abziehen und ebenfalls fein würfeln. Butter in einem Topf erhitzen und beides darin kurz andünsten.

● Die Gemüsebrühe dazugießen und alles etwa 15 Min. bei schwacher Hitze sanft kochen lassen.

● Brennnesselblätter putzen und waschen, blanchieren und grob hacken. Zur Suppe geben und 3 bis 4 Min. mitgaren. Die Suppe pürieren, mit Zitronensaft und Gewürzen abschmecken und mit der Sahne verfeinern.

Tipp Im Frühjahr können Sie die jungen Brennnesselblätter abseits der Straßen selbst sammeln. Sie sollten nur die jungen Blätter vor der Blüte (mit Handschuhen) ernten; die älteren schmecken bitter. Brennnesseln enthalten mehr als doppelt so viel Vitamin C wie Zitronen.

Nährwerte pro Person
190 kcal • 11 g E • 10 g F • 13 g KH

Misosuppe

Basenwert: ★★★
für 4 Personen
⊘ 30 Min.

1 Stück (ca. 6 g) Wakame (getrocknete Mee-
resalge) • 3 kleine Möhren • 1 Stück Knollensellerie (ca. 100 g) • 6 Shiitake-Pilze • Salz •
4 EL helle Misopaste • 2 EL Gemüsebrühe •
100 g Tofu • 2 Frühlingszwiebeln • ½ Bund
Schnittlauch

● Wakame abspülen und 10 Min. in kaltem
Wasser einweichen.

● Gemüse putzen, schälen und in feine
Stifte schneiden. Pilze putzen und in
Scheibchen schneiden. 750 ml leicht gesal-
zenes Wasser aufkochen, Gemüse und Pilze
darin kurz kochen.

● Wakame klein schneiden und mit dem
Einweichwasser zur Suppe geben.

● Die Misopaste mit der Gemüsebrühe
glatt rühren und in die Suppe geben. Die
Suppe darf jetzt nicht mehr kochen. Den
Tofu in kleine Würfel schneiden und 5 Min.
in der Suppe ziehen lassen.

● Frühlingszwiebeln und Schnittlauch putzen, waschen und in Ringe schneiden. Über
die Suppe streuen.

Nährwerte pro Person
65 kcal • 6 g E • 2 g F • 6 g KH

Radieschensuppe

Basenwert: ★★★
für 2 Personen
⊘ 25 Min.

1 Bund Radieschen mit Blättern • 3 Schalot-
ten • 1 TL Butter • 500 ml Gemüsebrühe • 100 g
Frischkäse • 2 EL saure Sahne • Meersalz •
Pfeffer • ½ Kästchen Kresse

● Die Radieschen putzen und waschen. Einige schöne Radieschenblätter fein hacken
und für die Deko beiseitelegen. Die Radieschen mit dem Grün hacken.

● Die Schalotten abziehen und fein wür-
feln. Die Butter in einem Topf erhitzen.
Etwa drei Viertel der Radieschen und die
Schalotten hineingeben und andünsten.
Die Gemüsebrühe dazugeben und knapp
10 Min. sanft kochen lassen.

● Die restlichen Radieschen, den Frischkäse
und die saure Sahne dazugeben und die
Suppe pürieren. Nochmals erhitzen, aber
nicht mehr kochen lassen. Suppe abschmecken. Die Kresse abbrausen und trocknen.
Die Suppe anrichten und mit Radieschen-
blättern und Kresse bestreuen.

Tipp Die Radieschen müssen ganz frisch
sein. Sind die Blätter schon welk, kann man
sie für die Suppe nicht mehr verwenden.

Nährwerte pro Person
275 kcal • 11 g E • 22 g F • 11 g KH

Knackiger Rucolasalat mit Zitronendressing

Basenwert: ★
für 4 Personen
⊘ 10 Min.

1 Bund Rucola • 1 Bund Frühlingszwiebeln •
½ Bund Radieschen • 100 g Schafskäse • 2 EL
Kapern • 4 EL Sonnenblumenkerne • 1 EL Zitronensaft • 2 EL Sonnenblumenöl • Salz • Pfeffer

● Den Rucola verlesen, grobe Stängel dabei
entfernen. Rucola waschen, trocknen und in
Stücke zupfen. In eine Salatschüssel geben.

● Die Frühlingszwiebeln waschen und putzen und den weißen Teil bis zum hellgrünen Teil in feine Ringe schneiden. Die Radieschen gründlich waschen, putzen und in
dünne Scheiben schneiden. Beides zum Rucola in die Schüssel geben.

● Den Schafskäse zerbröckeln und mit den
Kapern zu den anderen Zutaten geben. Die
Sonnenblumenkerne ohne Fett in einer
kleinen Pfanne kurz rösten.

● Aus Zitronensaft, Öl, Salz und Pfeffer ein
Dressing anrühren und über den Salat geben. Salat durchmischen, auf vier Teller verteilen und mit den Sonnenblumenkernen
bestreuen.

Nährwerte pro Person
175 kcal • 8 g E • 15 g F • 3 g KH

Bunter Salat mit knuspriger Hähnchenbrust

Basenwert: ★
für 2 Personen
⊘ 20 Min.

1 kleiner Friséesalat • ½ Baby-Ananas •
1 Kiwi • 6 braune Champignons • 1 Hähnchenbrustfilet (ohne Haut) • Salz • Pfeffer • 4 EL
Rapsöl • Currypulver • 2 TL Zitronensaft • Paprikapulver

● Den Friséesalat putzen, waschen, trocken schleudern und in mundgerechte Stücke zupfen.

● Die Ananas schälen, dabei den Strunk
und die braunen »Augen« ebenfalls entfernen. Fruchtfleisch in feine Scheiben schneiden. Die Kiwi schälen, Champignons putzen, trocken abreiben. Beides in feine
Scheiben schneiden. Obst und Pilze zum Salat geben.

● Das Hähnchenbrustfilet abspülen, trocknen, leicht salzen und pfeffern. In 2 EL Öl
bei mittlerer Hitze ca. 5 Min. von jeder
Seite knusprig braten. Mit 1 Prise Currypulver bestäuben. Kurz ruhen lassen, dann in
Scheiben schneiden und auf dem Salat anrichten.

● Eine Marinade aus den restlichen 2 EL Öl,
dem Zitronensaft, Salz, Pfeffer und Paprikapulver über den Salat geben.

Nährwerte pro Person
440 kcal • 25 g E • 27 g F • 25 g KH

Bunter Salat mit Hähnchenbrust

Rote-Bete-Salat mit Walnüssen

Basenwert: ★★★
für 2 Personen
⊘ 1 Std.

4 kleine Rote Bete • Salz • 1 haselnussgroßes Stück Ingwer • 1 kleine Zwiebel • 1 EL Zitronensaft • Paprikapulver • Pfeffer • 1 Spritzer Apfeldicksaft • 2 EL Sonnenblumenöl • 4 Stängel Petersilie • 1 Bund Rucola • 1 EL Walnusskerne

● Rote Bete waschen, Blätter entfernen (Knolle dabei nicht anschneiden), Rote Bete in Salzwasser in ca. 50 Min. weich kochen. Kalt abschrecken, schälen und würfeln.

● Ingwer und Zwiebel schälen und fein hacken. Zitronensaft mit Paprika, Pfeffer, Apfeldicksaft, Ingwer und Salz verrühren, das Öl dazugeben und alles mit dem Schneebesen vermischen.

● Marinade über die Rote Bete geben. Petersilie waschen, trocknen, hacken und unterheben. Rucola putzen, waschen und auf zwei Teller verteilen. Salat darauf anrichten, Walnusskerne hacken und aufstreuen.

Nährwerte pro Person
210 kcal • 4 g E • 27 g F • 17 g KH

Salatsauce ganz klassisch

Basenwert: ★
für 4 Personen
⊘ 10 Min.

1 EL Obstessig (oder Zitronensaft) • 1 TL Dijonsenf • 1 TL Sojasauce • Kräutersalz • Pfeffer • 4 EL Olivenöl • 1 Spritzer Apfeldicksaft (aus dem Bioladen)

● Den Essig mit Senf, Sojasauce, etwas Kräutersalz und Pfeffer verrühren. Das Öl langsam dazugeben und gut untermischen.

● Ein wenig Apfeldicksaft dazugeben und mit dem Schneebesen kräftig aufschlagen, damit sich alle Zutaten zu einer Sauce verbinden.

Variationen Variieren Sie die Sauce mit Kapern, frisch gehackten Kräutern wie Schnittlauch, Petersilie, Kerbel oder Basilikum, fein gewürfelten Schalotten oder Knoblauch, mit Meerrettich oder Ingwer-Essig (1 TL Ingwer fein hacken und mit etwas Weißweinessig aufgießen. Eine Stunde ziehen lassen.)

Nährwerte pro Person
95 kcal • 1 g E • 10 g F • 0,5 g KH

Mediterranes Kräuteröl mit Basenprofil

Basenwert: ★
für 1 Flasche
⊘ 35 Min.

1 Flasche kalt gepresstes Olivenöl (0,7 l) •
2 Zweige Rosmarin • 2 Zweige Thymian • 1 TL
weiße Pfefferkörner • 1 TL rote Pfefferkörner •
3–4 Wacholderbeeren • ½ TL Salz

● Das Öl in einen Topf geben und nur ganz leicht erwärmen. Rosmarin und Thymian waschen und gut trocknen.

● Die weißen und roten Pfefferkörner, die Wacholderbeeren, die Kräuterzweige und das Salz ins warme Öl geben.

● Etwa 30 Min. auf der ausgeschalteten Herdplatte ziehen lassen. Dann mit Hilfe eines Trichters in die Flasche füllen und an einem dunklen, kühlen Ort etwa 4 Wochen durchziehen lassen.

Tipp Ob Thymian, Rosmarin, Oregano oder alle drei zusammen: Die frischen Kräuter sorgen für reichlich Basen, Mineralien und Vitamine. Verwenden Sie dieses aromatische Öl zum Anbraten von Fleisch und Fisch. Es ist auch eine perfekte Ergänzung für Mittelmeer-Gemüse und Salate.

Taboulé

Basenwert: ★★
für 4 Personen
⊘ 30 Min.

1 EL Olivenöl • 150 g feiner Bulgur (Weizengrütze) • 500 ml Gemüsebrühe • 1 Bund Schnittlauch • 1 Bund Petersilie • 1 Bund Pfefferminze • 3 reife Tomaten • ½ Gurke • 2 Knoblauchzehen • Saft von 1 Zitrone • 5 EL Olivenöl • 1 TL Senf • Kräutersalz • Pfeffer

● Olivenöl in einem Topf erhitzen, Bulgur hineingeben und mit dem Öl vermischen. Die Gemüsebrühe dazugießen und kurz aufkochen lassen. Bulgur bei schwacher Hitze 5 Min. garen. Die Herdplatte abschalten und den Bulgur nachquellen lassen.

● Kräuter waschen und trocknen. Petersilie- und Minzeblättchen abzupfen und alles fein hacken.

● Tomaten und Gurke waschen und fein würfeln. Gemüse und Kräuter mit dem abgekühlten Bulgur in eine Schüssel geben.

● Den Knoblauch abziehen und auspressen, mit Zitronensaft, Olivenöl, Senf, Kräutersalz und Pfeffer zu einer Marinade verrühren, unterheben und durchziehen lassen.

Tipp Je feiner die Zutaten geschnitten sind, desto besser schmeckt Taboulé.

Nährwerte pro Person
290 kcal • 6 g E • 16 g F • 31 g KH

Gemüsesticks mit Tomatenfrischkäse

Basenwert: ★★★
für 4 Personen
⊘ 20 Min.

1 rote Paprikaschote • 1 grüne Paprikaschote •
4 Stangen Staudensellerie • 2 Kohlrabi •
2 Möhren • ¼ Salatgurke • 1 Staude Chicorée
Für den Dip: 200 g Frischkäse • 2 EL saure
Sahne • 1 Tomate • ½ Bund Schnittlauch •
Salz • Pfeffer

● Die Paprikaschoten waschen, halbieren und vom Stielansatz, den Kernen und Trennwänden befreien. Paprika in schmale Streifen schneiden.

● Den Sellerie waschen und putzen, Kohlrabi und Möhren schälen. Gemüse in fingerlange Stifte schneiden. Die Gurke waschen und längs achteln. Den Chicorée längs halbieren, den Strunk herausschneiden, Chicoréehälften waschen und die Blätter teilen. Gemüse auf einer Platte anrichten.

● Frischkäse mit saurer Sahne anrühren. Die Tomate waschen, vom Stielansatz befreien und klein würfeln. Den Schnittlauch waschen, trocknen und in kleine Röllchen schneiden. Beides unter den Dip rühren und mit Salz und Pfeffer abschmecken.

Nährwerte pro Person
250 kcal • 11 g E • 17 g F • 13 g KH

Salat mit Austernpilzen

Basenwert: ★★★
für 2 Personen
⊘ 15 Min.

2 Handvoll Feldsalat • 50 g Radicchio •
2 Stängel glatte Petersilie • 1 Schalotte •
1 Knoblauchzehe • 100 g Austernpilze • 4 EL
Rapsöl • Salz • Pfeffer • 1 EL Weißweinessig •
Ingwerpulver

● Den Feldsalat verlesen, den Radicchio zerlegen. Beides waschen, trocken schleudern und den Radicchio in Streifen schneiden. Die Petersilie waschen, trocknen und fein hacken. Die Schalotte und die Knoblauchzehe abziehen und fein hacken. Die Austernpilze trocken abreiben und putzen.

● 1 EL Öl in einer Pfanne erhitzen. Zwiebel, Knoblauch und Austernpilze darin kurz anbraten, mit Salz und Pfeffer würzen, die Petersilie dazugeben und alles ca. 4 Min. dünsten.

● Aus Essig, den restlichen 3 EL Öl, 1 Prise Ingwer, Salz und Pfeffer ein Dressing herstellen und vorsichtig unter den Salat ziehen. Salat anrichten und die warmen Austernpilze daraufgeben.

Tipp Für noch mehr Basenpunkte Pellkartoffel-Scheiben dazu genießen.

Nährwerte pro Person
210 kcal • 8 g E • 20 g F • 4 g KH

Feldsalat mit Austernpilzen

Rettichsalat mit Radieschen und Apfel

Basenwert: ★★★
für 2 Personen
⊘ 20 Min.

1 kleiner Rettich • Salz • 2 TL Olivenöl • 1 EL Zitronensaft • Pfeffer • ½ Bund Radieschen • 2 Frühlingszwiebeln • ½ Bund Schnittlauch • 1 Apfel • 2 Zweige Zitronenmelisse

● Den Rettich schälen, in sehr dünne Scheiben schneiden, in ein Sieb geben, mit 1 TL Salz bestreuen und einmal gut durchschütteln. Nach 15 Min. den Rettich leicht ausdrücken und in eine Schüssel geben, mit Öl und Zitronensaft beträufeln und mit Pfeffer würzen.

● Die Radieschen, Frühlingszwiebeln und Schnittlauch putzen, waschen und in Scheiben bzw. Röllchen schneiden. Den Apfel waschen, vierteln, entkernen und in Stifte schneiden. Alles zum Rettich geben.

● Alle Zutaten gut verrühren, kalt stellen und 30 Min. ziehen lassen. Zitronenmelisse waschen, die Blättchen abzupfen und über den Salat streuen.

Wussten Sie schon, … dass die ätherischen Öle des Rettichs die Leber bei der Entgiftung unterstützen?

Nährwerte pro Person
115 kcal • 2 g E • 10 g F • 3 g KH

Chicorée-Salat mit Apfel und Putenstreifen

Basenwert: ★
für 4 Personen
⊘ 25 Min.

200 g Putenbrust • 2 EL Sojasauce • Meersalz • Pfeffer • 2 Chicoréestauden • 2 mittelgroße Äpfel • 1 kleiner Friséesalat • 1 EL Olivenöl • 100 g frischer Naturjoghurt • 2 TL Zitronensaft • 1 Spritzer Apfeldicksaft • ½ Bund Petersilie • 2 EL Sonnenblumenkerne

● Die Putenbrust waschen, trocken tupfen und quer in schmale Streifen schneiden. In Sojasauce legen, salzen und pfeffern und etwa 15 Min. ziehen lassen.

● Chicorée putzen, waschen, längs halbieren und den Strunk herausschneiden. Die Hälften quer in Streifen schneiden. Äpfel waschen, entkernen und in Stifte schneiden. Den Friséesalat putzen, waschen und in mundgerechte Stücke zupfen. Chicorée, Äpfel und Frisée in einer Schüssel vermischen.

● Das Fleisch aus der Marinade nehmen und ca. 5 Minuten bei mittlerer Hitze im Öl anbraten. Auf dem Salat anrichten.

● Joghurt, Zitronensaft, Salz, Pfeffer und Apfeldicksaft verrühren. Die Petersilie hacken. Sonnenblumenkerne anrösten. Alles über den Salat geben.

Nährwerte pro Person
165 kcal • 15 g E • 7 g F • 11 g KH

Eichblattsalat mit rosa Grapefruit und Melisse

Basenwert: ★★★
für 2 Personen
⊘ 15 Min.

½ kleiner Eichblattsalat • 1 rosa Grapefruit • 1 TL Zitronensaft • 1 TL Senf • Salz • Pfeffer • Agavendicksaft • 2 EL Olivenöl • 5 Zweige Zitronenmelisse • 2 EL Walnusskerne

● Eichblattsalat verlesen, waschen und abtropfen lassen. In mundgerechte Stücke zupfen und in eine Schüssel geben.

● Die Grapefruit bis zur weißen Innenhaut schälen und halbieren. Die Frucht filetieren, die Filets in Stücke schneiden und mit den Salatblättern mischen.

● Aus Zitronensaft, Senf, Salz, Pfeffer, 1 Tropfen Agavendicksaft und Öl eine milde Sauce anrühren. Die Zitronenmelisse waschen und trocken schütteln. Die Blättchen abzupfen und klein schneiden. Melisse unter das Dressing mischen und über den Salat geben. Die Walnusskerne hacken und obendraufstreuen.

Wussten Sie schon, ... dass Grapefruit im Körper basisch wirkt und nach neuesten Untersuchungen sogar den Cholesterinspiegel senkt?

Nährwerte pro Person
210 kcal • 3 g E • 17 g F • 10 g KH

Griechischer Kartoffelsalat mit Oliven

Basenwert: ★★★
für 4 Personen
⊘ 30 Min.

1 kg Kartoffeln • Salz • 1 kleine Gärtnergurke • 2 Zwiebeln • 3 EL Zitronensaft • Pfeffer • 6 EL Olivenöl • 2 Knoblauchzehen • 2 Stängel frischer Thymian • 2 EL Kapern • 100 g grüne Oliven (ohne Stein)

● Die Kartoffeln mit der Schale in Salzwasser in etwa 20 Min. gar kochen, abgießen und in der Schale abkühlen lassen.

● Die Gurke schälen und in Scheiben schneiden. Die Zwiebeln abziehen und in feine Ringe schneiden. Den Zitronensaft mit Salz und Pfeffer verrühren. Das Öl dazugeben und alles zu einem cremigen Dressing verrühren.

● Den Knoblauch abziehen, durch die Presse zum Dressing drücken. Thymian waschen, trocknen, die Blätter abzupfen und unter das Dressing mischen.

● Die abgekühlten Kartoffeln pellen, in Scheiben schneiden und mit den Gurken, Zwiebeln, Kapern und Oliven in das Dressing geben. Zutaten vorsichtig miteinander vermischen. Den Salat zugedeckt 30 Min. ziehen lassen und vor dem Servieren nochmals abschmecken.

Nährwerte pro Person
370 kcal • 5 g E • 19 g F • 42 g KH

Bauernsalat mit Feta

Bauernsalat mit Feta

Basenwert: ★★
für 2 Personen
⊘ 15 Min.

75 g Blattsalat (z. B. Römischer Salat, Lollo rosso) • ¼ Salatgurke • 1 Fleischtomate • ½ grüne Paprikaschote • 1 Zwiebel • 50 g Feta (griechischer Schafskäse) • 4 schwarze Oliven (ohne Stein) • 1 Stängel Petersilie • etwas frischer Oregano • 2 TL Olivenöl • 1 EL Apfelessig • Meersalz • Pfeffer

● Den Blattsalat waschen, trocknen und in mundgerechte Blätter zupfen. Die Salatgurke waschen und in Würfel schneiden. Die Tomate waschen, halbieren, vom Stielansatz befreien und würfeln. Die Paprika waschen, entkernen und in Streifen schneiden. Die Zwiebel abziehen und in dünne Ringe schneiden.

● Den Feta abtropfen lassen und in Würfel schneiden. Oliven halbieren und alles zusammen in eine Schüssel geben.

● Petersilie und Oregano waschen. Die Blätter abzupfen und klein schneiden. Oregano sparsam verwenden, er schmeckt sehr intensiv.

● Aus Öl, Essig, den Kräutern, Salz und Pfeffer ein Dressing anrühren und über den Salat geben.

Nährwerte pro Person
185 kcal • 7 g E • 14 g F • 87 g KH

Asia-Salat mit Sojasprossen

Basenwert: ★★★
für 4 Personen
⊘ 20 Min.

200 g frische Sojasprossen • 1 Bund Frühlingszwiebeln • 1 große Fleischtomate • 200 g Tofu • 3 EL Sojasauce • 3 EL Sesamöl • 2 EL Limettensaft • ½ TL Meerrettich (aus dem Glas) • Pfeffer • 1–2 TL Chilisauce • 2 EL Sesamsamen

● Die Sojasprossen in sprudelnd kochendem Wasser kurz blanchieren, abschrecken und abtropfen lassen.

● Die Frühlingszwiebeln putzen, waschen und in feine Ringe schneiden. Die Fleischtomate mit heißem Wasser überbrühen, häuten und klein würfeln. Dabei den Stielansatz entfernen.

● Den Tofu in Würfel schneiden und diese kurz in 1 EL Sojasauce marinieren. 1 EL Öl in einer Pfanne erhitzen und die Tofuwürfel bei mittlerer Hitze 4 bis 5 Min. braten. Mit dem Gemüse und den Sprossen in eine Schüssel geben.

● 2 EL Sojasauce mit Limettensaft, Meerrettich, 2 EL Öl, Pfeffer und Chilisauce verrühren und über das Gemüse geben. Sesam in einer Pfanne ohne Fett goldgelb rösten und auf den Salat streuen.

Nährwerte pro Person
190 kcal • 8 g E • 14 g F • 8 g KH

Nudelsalat mit Pfifferlingen

Basenwert: ★
für 2 Personen
⊘ 30 Min.

200 g Hörnchennudeln • 300 g Spinat (ersatzweise TK-Blattspinat) • 2 Knoblauchzehen • 200 g Pfifferlinge (oder braune Champignons) • 5 EL Pinienkerne • Salz • Pfeffer • 100 g getrocknete Tomaten (in Öl) • 2 EL Olivenöl • 1 EL Aceto balsamico

● Nudeln in kochendem Salzwasser nach Packungsanleitung bissfest kochen.

● Den Spinat putzen, waschen, trocknen und grob hacken. (TK-Spinat auftauen lassen.) Den Knoblauch abziehen und fein hacken. Die Pilze putzen, trocken abreiben und in Scheiben schneiden.

● Pinienkerne ohne Fett bei schwacher Hitze leicht anrösten. Knoblauch dazugeben und unter Rühren weiterrösten, bis die Pinienkerne goldgelb sind. Spinat dazugeben, mit Salz und Pfeffer würzen.

● Die Tomaten mit Küchenpapier entfetten und in feine Streifen schneiden. Die Pilze ohne Fett in der Pfanne anrösten, salzen und pfeffern. Alle Zutaten mit dem Öl und dem Aceto balsamico unter die Nudeln mischen. Den Salat mind. 50 Min. ziehen lassen.

Nährwerte pro Person
725 kcal • 23 g E • 7 g F • 86 g KH

Mittelmeersalat à la niçoise

Basenwert: ★★
für 4 Personen
⊘ 30 Min.

400 g Kartoffeln • 1 rote Zwiebel • 2 Eier • 200 g grüne Bohnen • Meersalz • 4 Kirschtomaten • 1 gelbe Paprikaschote • 1 kleiner Romanasalat • 4 Champignons • 3 EL warme Gemüsebrühe • 3 EL Weißweinessig • 6 EL Olivenöl • Pfeffer • 12 schwarze Oliven (ohne Stein) • 1 EL Kapern

● Die Kartoffeln abbürsten und in wenig Wasser 20 Min. dämpfen. Warm schälen und in dünne Scheiben schneiden.

● Die Zwiebel abziehen und in Ringe schneiden. Die Eier in ca. 8 Min. hart kochen, pellen und vierteln. Die Bohnen waschen, putzen und 5 bis 8 Min. in sprudelnd kochendem Wasser bissfest garen. Abschrecken, salzen und längs halbieren.

● Tomaten, Paprika und Salat waschen, putzen und in mundgerechte Stücke schneiden. Die Champignons trocken abreiben, putzen und in Scheiben schneiden. Alles in eine Schüssel geben. Aus der Gemüsebrühe, Essig, Öl, Salz und Pfeffer eine Marinade anrühren und mit den Oliven und Kapern über den Salat geben.

Nährwerte pro Person
345 kcal • 8 g E • 24 g F • 22 g KH

Knackiger Salat mit Spinat und Chili

Basenwert: ★★
für 2 Personen
⊘ 15 Min.

100 g Farfalle (oder andere kurze Nudeln) •
Salz • 100 g frischer Spinat • 2 Frühlingszwiebeln • 1 vollreife Tomate • getrockneter Oregano • ½ Chilischote • 1 Knoblauchzehe • 1 EL
Olivenöl • Pfeffer

● Die Nudeln in Salzwasser bissfest kochen, abgießen und kurz abschrecken. Nudeln in eine Schüssel geben.

● Den Spinat verlesen, gründlich waschen und trocken schütteln. Die Frühlingszwie-beln putzen, waschen und fein schneiden, den Spinat in feine Streifen schneiden. Die Tomate waschen, vom Stielansatz befreien und würfeln. Spinat, Frühlingszwiebeln und Tomatenwürfel zu den warmen Nudeln ge-ben. Etwas Oregano zwischen den Fingern zerdrücken und unter die Nudeln mischen.

● Die Chilischote waschen, entkernen und in sehr schmale Streifen schneiden. Den Knoblauch abziehen und fein hacken. Aus Öl, Chilischote, Knoblauch, Salz und Pfeffer ein Dressing anrühren und mit den Nudeln und dem Gemüse vermischen. Nudelsalat sofort servieren.

Nährwerte pro Person
255 kcal • 9 g E • 6 g F • 42 g KH

Sauerkrautsalat mit Birne und Ananas

Basenwert: ★★★
für 2 Personen
⊘ 15 Min.

100 g Sauerkraut • 100 g Weißkohl •
1 Birne • 1 kleine Stange Lauch • 1 Scheibe
Ananas (frisch oder aus der Dose) • 1 EL saure
Sahne • 1 Msp. gemahlener Kümmel • 2 Walnusskerne

● Das Sauerkraut klein schneiden. Den Weißkohl waschen, putzen und auf der Kü-chenreibe mittelgrob reiben. Die Birne schälen, vierteln, entkernen und würfeln. Sauerkraut, Weißkohl und Birne in eine Schüssel geben.

● Den Lauch putzen, längs aufschnei-den und gründlich waschen. In feine Ringe schneiden. Frische Ananas schälen; ge-schälte Ananas bzw. Ananas aus der Dose in kleine Würfel schneiden. Lauch und Ananas in die Schüssel geben.

● Für das Dressing die saure Sahne mit dem Kümmel verrühren. Das Dressing unter die Zutaten mischen. Die Walnusskerne grob hacken und unter den Salat heben.

Nährwerte pro Person
125 kcal • 3 g E • 4 g F • 26 g KH

Salat mit Rinderfilet

Salat mit Rinderfilet

Basenwert: ★
für 2 Personen
⊘ 15 Min.

¼ Eisbergsalat • ¼ Honigmelone • ½ Birne •
½ Zucchino • 1 TL Zitronensaft • Meersalz •
Pfeffer • 4 EL Maiskeim- oder Rapsöl • 2 EL Kürbiskerne • 150 g Rinderfilet

● Den Eisbergsalat waschen, trocken
schleudern und in mundgerechte Stücke
zupfen. Die Melone von der Schale abschneiden, die Kerne entfernen und das
Fruchtfleisch in Scheiben schneiden. Die
Birne waschen, entkernen und klein schneiden.

● Den Zucchino putzen, waschen und in
hauchdünne Scheiben schneiden. Salat,
Obst und Zucchino in eine Schüssel geben
und vermischen.

● Aus Zitronensaft, Salz, Pfeffer und 2 EL
Öl ein Dressing anrühren und über den Salat geben. Die Kürbiskerne in einer Pfanne
ohne Fett unter Rühren anrösten, abkühlen
lassen und in den Salat geben.

● Rinderfilet waschen, abtupfen und in
dünne Streifen schneiden. 2 EL Öl in einer
Pfanne erhitzen, Rindfleisch darin kurz rosa
braten, mit Salz und Pfeffer würzen und auf
dem Salat verteilen.

Nährwerte pro Person
415 kcal • 20 g E • 28 g F • 20 g KH

Grüner Salat mit Orangensauce

Basenwert: ★★
für 2 Personen
⊘ 15 Min.

2 Scheiben Ananas (frisch oder aus der
Dose) • 1 Orange • ½ Bund Schnittlauch •
200 g Joghurt • 1 TL Essig • Meersalz • weißer
Pfeffer • ½ Kopfsalat

● Frische Ananas schälen; geschälte Ananas
bzw. Ananas aus der Dose klein schneiden. Die Orange mit einem scharfen Messer bis in die weiße Innenhaut schälen und
die Fruchtfilets herauslösen. Den Saft dabei
auffangen.

● Den Schnittlauch waschen, trocknen
und in feine Röllchen schneiden. Den Joghurt mit Orangensaft, dem Essig und 1 EL
Schnittlauch verrühren und mit Salz und
Pfeffer abschmecken.

● Den Kopfsalat waschen, putzen, trocknen und in mundgerechte Stücke pflücken.
In eine Schüssel geben und mit Orange,
Ananas und Schnittlauch garnieren. Die Jo-
ghurtsauce darübergeben.

Tipp Für einen ausgewogenen Säure-Basen-Haushalt sind grüne Salate und Gemüse besonders wertvoll. Die Oran-
gensauce schmeckt zwar säuerlich, ist aber
basisch.

Nährwerte pro Person
100 kcal • 4 g E • 3 g F • 21 g KH

HAUPTGERICHTE

Pasta mit würziger Tomatensauce

Basenwert: ★
(in Kombination mit Salat)
für 2 Personen
⊘ 20 Min.

150 g Spaghetti (ohne Ei) • 3 reife Fleischto-
maten • 3 Frühlingszwiebeln • 1 Knoblauchzehe • 2 TL Olivenöl • 5 grüne Oliven • 1 Lorbeerblatt • ½ Chilischote • 1 EL trockener
Rotwein • Meersalz • Pfeffer • 1 Stängel Basilikum

● Die Spaghetti bissfest kochen und warm
halten. Tomaten überbrühen, häuten, entkernen und grob zerschneiden. Frühlingszwiebeln putzen, waschen und in feine
Ringe schneiden. Knoblauch abziehen und
fein hacken.

● Das Öl erhitzen. Frühlingszwiebeln und
Knoblauch kurz darin andünsten, Tomaten
zufügen und kurz aufkochen.

● Oliven, Lorbeerblatt, Chilischote und Rotwein dazugeben und die Sauce zugedeckt bei
schwacher Hitze 15 Min. leise kochen lassen. Mit Salz und Pfeffer abschmecken. Lorbeerblatt und Chilischote herausfischen. Das
Basilikum waschen, trocknen und unter die
Sauce mischen.

Tipp Nudeln ohne Ei sind für den Säure-
Basen-Haushalt besser.

Nährwerte pro Person
355 kcal • 12 g E • 17 g F • 62 g KH

Gemüse-Tomaten-Basensauce

Basenwert: ★★★
für 2 Personen
⊘ 30 Min.

1 rote und 1 gelbe Paprikaschote • 6 EL getrocknete Tomaten (in Öl) • 1 rote Zwiebel • 2 Knoblauchzehen • 2 EL Olivenöl • 3 EL Gemüsebrühe • ½ TL gerebelter Thymian • 100 g Frischkäse • Meersalz • Pfeffer • 1 Bund Dill

● Paprikaschoten waschen, putzen und klein würfeln. Tomaten klein schneiden. Zwiebel und Knoblauch abziehen und hacken.

● Olivenöl erhitzen, Knoblauch und Zwiebel kurz andünsten. Paprika und Tomaten dazugeben. Gemüsebrühe und Thymian untermischen und zugedeckt etwa 20 Min. leise kochen lassen.

● Den Frischkäse dazugeben, die Sauce pürieren und mit Salz und Pfeffer abschmecken.

● Dill waschen, trocken schütteln, fein schneiden und über die Sauce streuen.

Nährwerte pro Person
200 kcal • 11 g E • 12 g F • 12 g KH

Marinierter Tofu in Pflaumenwein

Basenwert: ★★★
für 4 Personen
⊘ 40 Min. + Marinieren

400 g fester Tofu • 1 haselnussgroßes Stück Ingwer • 1 Knoblauchzehe • 4 EL Pflaumenwein • 2 EL Sojasauce • 2 EL Apfelessig • Salz • Pfeffer • Apfeldicksaft

● Den Tofu abtropfen lassen und in ca. 1,5 cm dicke Scheiben schneiden.

● Ingwer und Knoblauch schälen und sehr fein hacken. Pflaumenwein, Sojasauce, Apfelessig, Salz, Pfeffer und 1 Tropfen Apfeldicksaft mit dem Schneebesen zu einer Marinade schlagen. Ingwer und Knoblauch zur Marinade geben.

● Die Marinade in eine flache Form geben. Die Tofuscheiben in die Marinade legen und im Kühlschrank mehrere Stunden (am besten über Nacht) marinieren.

● Den Backofen auf 200 °C vorheizen. Den Tofu in der Marinade in einer ofenfesten Form ca. 30 Min. backen, bis der Tofu die Marinade aufgesaugt hat bzw. die Marinade verdampft ist.

Das passt dazu Mandelhirse und Frühlingsgemüse (Seite 95) oder Taboulé (Seite 81).

Nährwerte pro Person
110 kcal • 10 g E • 5 g F • 4 g KH

Mandelhirse mit Ingwer

Basenwert: ★
(in Kombination mit Salat)
für 2 Personen
⊘ 25 Min.

1 Tasse Hirse (ca. 150 g) • 1 haselnussgroßes Stück Ingwer • 4 EL gehackte Mandeln • 2 Tassen Wasser (ca. 300 ml) • Meersalz • weißer Pfeffer • 4 Stängel Petersilie

● Die Hirse in ein Sieb geben, kalt abspülen und abtropfen lassen. Abgetropfte Hirse in einen Topf geben und bei mittlerer Hitze unter Rühren anrösten.

● Den Ingwer schälen, hacken und mit den Mandeln zu der Hirse geben. Das Wasser dazugießen und zum Kochen bringen. Hirse etwa 5 Min. sanft kochen lassen und mit Salz und Pfeffer abschmecken. Die Hirse bei ganz schwacher Hitze etwa 15 Min. ausquellen lassen.

● Die Petersilie waschen, trocken schütteln, fein hacken und darüberstreuen.

Wussten Sie schon, … dass Hirse reich an Kieselsäure und Mineralien wie Magnesium, Fluor und Eisen ist und dem basischen Bereich zugeordnet wird?

Tipp Die Hirse mit knackigem Frühlingsgemüse oder einem Salat servieren.

Nährwerte pro Person
470 kcal • 15 g E • 15 g F • 70 g KH

Schnelles Frühlingsgemüse auf leichte Art

Basenwert: ★★★
für 2 Personen
⊘ 20 Min.

4 junge Möhren • 1 Bund Frühlingszwiebeln • 1 Zwiebel • 1 haselnussgroßes Stück Ingwer • 1 EL Butter • Agavendicksaft • Salz • weißer Pfeffer • 2 EL Gemüsebrühe

● Die Möhren waschen und in feine Scheiben schneiden. Die Frühlingszwiebeln putzen, waschen und den weißen und hellgrünen Teil in kleine Ringe schneiden. Frühlingszwiebeln beiseitestellen.

● Zwiebel und Ingwer schälen und beides fein hacken. Die Butter in einem Topf erhitzen und Zwiebel und Ingwer darin andünsten. Die Möhren und 1 Tropfen Agavendicksaft dazugeben. Möhren salzen und pfeffern. Die Gemüsebrühe dazugeben und alles zugedeckt bei mittlerer Hitze ca. 5 Min. garen.

● Die gegarten Möhren nochmals mit Salz und Pfeffer abschmecken und die Frühlingszwiebelringe unterheben.

Das passt dazu Kalbsmedaillons (Seite 121) oder der gebratene Loup de mer (Seite 115).

Nährwerte pro Person
95 kcal • 3 g E • 5 g F • 10 g KH

Buchweizen-Crêpes mit Spinat

Basenwert: ★
für 2 Personen
⊘ 25 Min.

200 g Buchweizenmehl • 1 TL Sonnenblu-
menöl + Öl für die Pfanne • Salz • 200 g Blattspinat (ersatzweise TK-Blattspinat) • 75 g
Schafskäse • 1 EL Sahne • Pfeffer • frisch geriebene Muskatnuss

● Das Mehl in eine Schüssel geben. Nach
und nach etwa 300 ml Wasser unterrühren. Mit 1 TL Öl zu einem glatten Teig verrühren und leicht salzen. Etwa 15 Min. ruhen lassen.

● Für die Füllung den Blattspinat putzen,
waschen und abtropfen lassen, mit Schafskäse und Sahne vermischen und mit Salz,
Pfeffer und etwas Muskatnuss würzen. Alles
in einem Topf erhitzen, bis der Spinat zusammenfällt, nochmals abschmecken und
warm halten.

● Wenig Öl in einer beschichteten Pfanne
erhitzen. Etwas Teig in die Pfanne geben
und gut verteilen. Crêpes je Seite höchstens
1 Minute backen, mit der Spinat-Mischung
füllen und servieren.

Wussten Sie schon, ... dass Buchweizen
reich an Kalium, Magnesium und Eisen ist
und daher zum Basischen tendiert?

Nährwerte pro Person
387 kcal • 16 g E • 12 g F • 55 g KH

Maronen mit Rotkraut

Basenwert: ★★★
für 4 Personen
⊘ 40 Min.

1 kg Rotkohl • 1 Apfel • 1 Zwiebel • 1 EL Rapsöl •
2 TL Zitronensaft • 2 Gewürznelken • 1 Lorbeerblatt • 1 Zimtstange • Salz • Pfeffer • 1 EL Pflau-
men- oder Kirschsaft • 500 g geschälte Maronen

● Rotkohl putzen, durchschneiden und in
feine Streifen schneiden.

● Den Apfel schälen, vierteln, entkernen
und in kleine Stücke schneiden. Zwiebel abziehen und fein hacken. Rotkohl, Apfel und
Zwiebel mit Öl, Zitronensaft und den Gewürzen mischen und über Nacht ziehen lassen.

● Die Mischung in einem Topf bei schwacher Hitze etwa 30 Min. dünsten. Lorbeerblatt und Zimtstange entfernen, Gemüse
mit Salz und Pfeffer abschmecken. Vor dem
Anrichten den Pflaumensaft unterrühren.
Die Maronen kurz erwärmen und mit dem
Rotkraut servieren.

Nährwerte pro Person
390 kcal • 8 g E • 6 g F • 77 g KH

Maronen mit Rotkraut

Hummus – arabisches Kichererbsenpüree

Basenwert: ★
(kombiniert mit Gemüse oder Kartoffeln)
für 2 Personen
⊘ 45 Min.

200 g getrocknete Kichererbsen (ersatzweise aus der Dose) • 500 ml Gemüsebrühe • 1 EL Zitronensaft • 2 EL Olivenöl •
1 Knoblauchzehe • ½ rote Chilischote •
2 schwarze Oliven (ohne Stein) • Meersalz • Pfeffer • Currypulver • 3–4 Stängel glatte Petersilie

● Die Kichererbsen über Nacht in kaltem Wasser einweichen und am nächsten Tag abgießen. Mit der Gemüsebrühe in einen Topf geben und in 30 bis 40 Min. bissfest garen. (Kichererbsen aus der Dose abtropfen lassen.)

● Kichererbsen mit Zitronensaft und Olivenöl pürieren. Den Knoblauch abziehen und durch die Presse dazudrücken. Die Chilischote waschen, putzen, entkernen und in sehr feine Streifen schneiden. Die Oliven klein hacken, Chili und Oliven unter das Püree rühren. Mit Salz, Pfeffer und Currypulver würzig abschmecken.

● Die Petersilie waschen, trocknen, grob hacken und mit dem Kichererbsenpüree anrichten.

Tipp Wer es eilig hat, nimmt Kichererbsen aus der Dose.

Nährwerte pro Person
453 kcal • 20 g E • 23 g F • 48 g KH

Kartoffelgratin mit Blattspinat

Basenwert: ★★
für 4 Personen
⊘ 1 Std. 10 Min.

300 g Blattspinat (ersatzweise TK-Blattspinat) • 1 Schalotte • 2 Knoblauchzehen • 3 TL Butter • Salz • weißer Pfeffer • 600 g Kartoffeln • 200 ml frische Milch • 200 g Sahne • frisch geriebene Muskatnuss

● Den Spinat verlesen, putzen und waschen. Schalotte und Knoblauch abziehen, hacken und in 1 TL Butter bei mittlerer Hitze 2 bis 3 Min. andünsten. Den Spinat dazugeben, zusammenfallen lassen und abschmecken.

● Die Kartoffeln schälen, in Scheiben hobeln und in kochendem Salzwasser einige Min. blanchieren.

● Den Backofen auf 200 °C vorheizen und eine Auflaufform mit 1 TL Butter einpinseln. Abwechselnd Kartoffeln, Spinat und am Ende wieder Kartoffeln einfüllen und mit Salz und Pfeffer würzen.

● Milch und Sahne verquirlen, kräftig mit Salz, Pfeffer und Muskatnuss würzen und über die Kartoffeln gießen. Einige Butterflöckchen daraufsetzen. Das Gratin im Ofen auf der mittleren Schiene 50 Min. garen.

Nährwerte pro Person
185 kcal • 8 g E • 20 g F • 29 g KH

Kartoffelpizza

Basenwert: ★ (kombiniert mit Salat)
für 4 Personen
⊘ 1 Std. 30 Min.

1 Würfel Hefe • 300 g Vollkornmehl • 150 ml warme Milch • Meersalz • Zucker • 300 g Kartoffeln • 150 g frische Champignons • 1 grüne Paprikaschote • 4 reife Tomaten • 1 Zwiebel • 5 EL Tomatenmark • 3 EL getrockneter Thymian • 200 g Schafskäse • Pfeffer • Fett und Mehl für das Blech

● Die Hefe in einer Schüssel zerbröckeln. Das Mehl mit der Hefe, 3 EL warmer Milch, Salz und 1 Prise Zucker ansetzen und 30 Min. gehen lassen.

● Die Kartoffeln in 20 bis 25 Min. gar kochen, pellen und durch die Kartoffelpresse drücken. Mit der restlichen Milch und dem Mehl zu einem glatten Teig verarbeiten. 30 Min. gehen lassen. Dann auf einem eingefetteten und mit Mehl bestäubten Backblech ausrollen und mit einer Gabel mehrmals einstechen. Backofen auf 200 °C vorheizen.

● Gemüse waschen, putzen und klein schneiden. Zwiebel fein würfeln. Das Tomatenmark auf dem Teig verteilen. Mit Gemüse belegen und mit Thymian und zerkleinertem Schafskäse bestreuen. Mit Pfeffer würzen. Etwa 30 Min. backen.

Nährwerte pro Person
470 kcal • 25 g E • 13 g F • 64 g KH

Gemüseauflauf mit Blätterteigkruste

Basenwert: ★ (kombiniert mit Salat)
für 4 Personen
⊘ 1 Std.

2 Kartoffeln • ¼ Blumenkohl • 250 g grüne Bohnen • 1 Knoblauchzehe • 2 EL Olivenöl • Salz • Pfeffer • 3 Zweige Bohnenkraut • 100 g Schafskäse • 1 Packung Blätterteig zum Ausrollen (aus dem Kühlregal) • Fett für die Form

● Die Kartoffeln schälen, waschen und in kleine Würfel schneiden. Den Blumenkohl in kleine Röschen teilen und waschen. Die Bohnen waschen und putzen. Knoblauch abziehen und fein hacken.

● Den Backofen auf 200 °C vorheizen. Eine ofenfeste Auflaufform fetten. Das Öl in einer breiten Pfanne erhitzen, Kartoffeln und Gemüse bei mittlerer Hitze einige Min. zugedeckt dünsten, mit Salz und Pfeffer würzen. Das Bohnenkraut waschen und klein schneiden. Den Schafskäse würfeln, Bohnenkraut und Schafskäse unter das Gemüse mischen. Alles in die Auflaufform füllen.

● Den Blätterteig ausrollen, mehrmals mit der Gabel einstechen und auf das Gemüse legen. Auf der mittleren Schiene in etwa 45 Min. goldbraun backen.

Nährwerte pro Person
455 kcal • 12 g E • 29 g F • 37 g KH

Bircher-Kartoffeln mit Avocado-Salsa

Bircher-Kartoffeln mit Avocado-Salsa

Basenwert: ★★★
für 2 Personen
⊘ 45 Min.

4 mittelgroße Kartoffeln • 3 EL Olivenöl • 1 EL Kümmel • 1 EL Majoran • Kräutersalz • 1 reife Avocado • 1 TL Zitronensaft • 2 EL saure Sahne • 1 EL Kapern • Pfeffer

● Die Kartoffeln gründlich waschen und halbieren. Ein Backblech mit Öl bestreichen. Den Backofen auf 180 °C vorheizen.

● Kümmel, Majoran und Kräutersalz mischen, die Kartoffeln an der Schnittfläche damit bestreuen und mit der Schnittfläche nach unten auf das Blech legen. Die Schale mehrmals einritzen, mit Öl bestreichen und mit der restlichen Kräutermischung bestreuen. Auf der mittleren Schiene in 30 bis 40 Min. garen.

● Für die Salsa das Fruchtfleisch der Avocado herauslöffeln und mit dem Zitronensaft pürieren. Die saure Sahne und die Kapern dazugeben und mit Kräutersalz und Pfeffer würzen.

Tipp Kartoffeln schmecken mit frischem Salat, der Möhrencreme (Seite 67), Gurkenmousse (Seite 65) oder der Gemüsesauce mit Frischkäse (Seite 94).

Nährwerte pro Person
460 kcal • 6 g E • 34 g F • 31 g KH

Penne mit Zuckerschoten und Pilzen

Basenwert: ★
für 2 Personen
⊘ 20 Min.

150 g Penne • Salz • 100 g Zuckerschoten • 3 Frühlingszwiebeln • 1 Möhre • 1 Knoblauchzehe • 1 haselnussgroßes Stück Ingwer • 1 EL Rapsöl • 50 g Champignons • 1 EL Sesamsamen • 3 EL Sojasauce • Pfeffer

● Die Nudeln in kochendem Salzwasser nach Packungsanleitung bissfest kochen.

● Die Zuckerschoten waschen, putzen und in kleine Stücke schneiden. Frühlingszwiebeln waschen, putzen und in dünne Ringe schneiden. Die Möhre waschen, nach Belieben schälen und längs in feine Streifen schneiden. Zuckerschoten, Frühlingszwiebeln und Möhren etwa 2 Min. in sprudelnd kochendem Wasser blanchieren. Kalt abschrecken, mit den Nudeln vermischen und warm stellen.

● Knoblauch und Ingwer schälen und fein hacken. Öl in einer Pfanne erhitzen, Knoblauch und Ingwer darin kurz andünsten. Die Pilze putzen, in feine Scheiben schneiden, dazugeben und anbraten. Sesam dazugeben. Mit Sojasauce ablöschen, mit Salz und Pfeffer abschmecken. Unter die Gemüse-Nudel-Mischung heben und das Gericht sofort servieren.

Tipp Um Gemüse wie Möhren schnell in sehr feine Streifen zu schneiden, hilft ein einfacher Sparschäler.

Nährwerte pro Person
410 kcal • 15 g E • 11 g F • 65 g KH

Bunte Gemüsepfanne mit Tofu

Basenwert: ★★★
für 1 Person
⊘ 35 Min.

2 Kartoffeln • 1 Möhre • ½ kleiner Zucchino •
1 Stück Lauch • ¼ rote Paprikaschote • 1 TL
Maiskeim- oder Rapsöl • 100 g Tofu • Meersalz • Pfeffer • 2 Stängel Petersilie • ¼ Bund
Schnittlauch • 1 TL Zitronensaft • 1 Handvoll
Champignons • 1 TL Butter

● Die Kartoffeln waschen und in etwa
20 Min. gar kochen. Gemüse waschen, putzen und in sehr feine Streifen schneiden. Öl
in einer Pfanne erhitzen und die Gemüsestreifen darin kurz andünsten.

● Tofu in kleine Würfel schneiden und in
einer anderen Pfanne 3 Min. rundherum
bräunen. Gemüsestreifen und Tofuwürfel mischen und mit Salz und Pfeffer würzen. Petersilie und Schnittlauch waschen,
trocknen und hacken. Den Zitronensaft und
die Kräuter zu dem Gemüse geben und abschmecken.

● Kartoffeln in Scheiben schneiden, das Gemüse darüber verteilen und warm stellen. Champignons putzen, trocken abreiben
und in Scheiben schneiden, in 1 TL Butter andünsten und zu der Tofu-Gemüse-Mischung geben.

Nährwerte pro Person
383 kcal • 20 g E • 15 g F • 41 g KH

Spargel mit Frankfurter Kräutersauce

Basenwert: ★★
für 2 Personen
⊘ 30 Min.

500 g neue Kartoffeln • Salz • 1 kg weißer
Spargel • 1 Scheibe unbehandelte Zitrone •
1 Prise Zucker • 1 TL Butter
Für die Sauce
200 g Naturjoghurt • 100 g Crème légère •
2 EL Hüttenkäse • 2 Bund frische Kräuter (Dill,
Schnittlauch, Petersilie, Kresse, Kerbel, Estragon) • 1 hartgekochtes Ei • 1 Spritzer Zitronensaft • Kräutersalz • Pfeffer

● Die Kartoffeln waschen und mit der
Schale in Salzwasser in ca. 20 Min. gar kochen. Abgießen und pellen.

● Den Spargel schälen, die holzigen Enden
abschneiden. Spargelstangen waschen. Einen Topf mit Salzwasser zum Kochen bringen. Den Spargel mit der Zitrone, Zucker
und der Butter zugedeckt bei schwacher
Hitze in 15 bis 20 Min. gar ziehen lassen.

● Joghurt, Crème légère und Hüttenkäse in
eine Schüssel geben und verrühren. Kräuter waschen, trocknen und fein hacken. Das
Ei pellen und würfeln. Kräuter und Ei unter
die Sauce rühren und diese abschmecken.
Den Spargel aus dem Topf heben und mit
der Sauce servieren.

Nährwerte pro Person
415 kcal • 25 g E • 17 g F • 55 g KH

Rucola-Mandel-Pesto

Basenwert: ★ (Rezept ohne Käse)
für 2 Personen
⊘ 15 Min.

1 Bund Rucola • 1 Knoblauchzehe • 2 EL Mandeln • 8 EL Olivenöl • 2 EL frisch geriebener Pecorino (nach Belieben) • Meersalz • Pfeffer

● Den Rucola waschen, putzen und trocknen. Grobe Stiele entfernen. Den Knoblauch abziehen. Rucola und Knoblauch hacken.

● Rucola, Knoblauch und die Mandeln in den Mixer geben und zu einer Paste zerkleinern. Das Olivenöl nach und nach dazugeben.

● Nach Belieben den geriebenen Käse unter das Pesto mischen. (Wer auf Nummer »basisch« gehen will, lässt ihn weg.) Pesto mit Salz und Pfeffer kräftig abschmecken.

Tipp Wenn Pesto übrig bleibt, in ein verschließbares Glas füllen und mit Olivenöl bedecken. So hält sich Pesto mehrere Tage im Kühlschrank. Das Pesto ist sehr vielseitig, es passt zu bissfest gekochten Spaghetti, als Brotaufstrich oder als Grundlage für Salatdressings.

Nährwerte pro Person
435 kcal • 6 g E • 45 g F • 5 g KH

Kartoffelrösti mit Käsecreme

Basenwert: ★
für 4 Personen
⊘ 20 Min.

Für die Rösti
1 kg Kartoffeln • 1 Zwiebel • Meersalz • Pfeffer • 1 TL gemahlener Kümmel • frisch geriebene Muskatnuss • 3 EL Rapsöl
Für die Käsecreme
1 Bund gemischte Kräuter (z. B. Dill, Petersilie) • 1 EL gehackte Haselnüsse • 200 g Hüttenkäse • Salz • weißer Pfeffer

● Für die Rösti die Kartoffeln schälen, waschen und fein raspeln. Die Zwiebel abziehen, fein hacken und unter die Kartoffelraspel rühren. Mit Salz, Pfeffer, Kümmel und 1 Prise Muskatnuss würzen.

● Das Öl in einer beschichteten Pfanne erhitzen. Die Kartoffelmasse esslöffelweise in die Pfanne geben und glatt streichen (die Menge ergibt etwa 8 Rösti). Die Rösti bei mittlerer Hitze von jeder Seite in etwa 5 Min. goldbraun braten. Fertige Rösti warm halten.

● Für die Käsecreme die Kräuter waschen, trocknen und sehr fein hacken. Kräuter und Nüsse unter den Hüttenkäse mischen, mit Salz und Pfeffer abschmecken. Die Rösti mit der Hüttenkäsecreme servieren. Dazu passt ein Tomatensalat.

Nährwerte pro Person
305 kcal • 12 g E • 11 g F • 39 g KH

Bunte Gemüsespieße mit Kräutersahne

Basenwert: ★★
für 4 Personen
⊘ 30 Min.

¼ Blumenkohl • 1 Zwiebel • Salz • 8 Champignons • 1 Zucchino • 1 kl. Aubergine • 2 EL Olivenöl • Pfeffer • Paprikapulver • 1 EL Majoran • ½ Bund gemischte Kräuter • 200 g saure Sahne • Kräutersalz • Holzspieße

● Den Blumenkohl putzen, waschen und in kleine Röschen teilen. Die Zwiebel abziehen und achteln. Beides in sprudelnd kochendem Salzwasser 3 bis 4 Min. blanchieren. Die Pilze putzen und trocken abreiben. Zucchino und Aubergine putzen, waschen und in mundgerechte Stücke schneiden.

● Das Öl in einer Pfanne erhitzen. Pilze, Zucchini und Auberginen kurz darin anbraten, wieder herausnehmen. Salz, Pfeffer, Paprika und Majoran in das Öl geben. Backofengrill anschalten. Die verschiedenen Gemüse auf Spieße stecken, mit dem Würzöl bestreichen und 8 bis 10 Min. grillen, dabei einmal wenden.

● Die Kräuter waschen, trocknen, fein hacken und unter die saure Sahne mischen. Mit Kräutersalz abschmecken.

Nährwerte pro Person
135 kcal • 51 g E • 10 g F • 6 g KH

Knusprige Reibekuchen

Basenwert: ★★
für 2 Personen
⊘ 30 Min.

2 mittelgroße Kartoffeln • 2 Äpfel • 2 Schalotten • 1 Ei • Salz • Pfeffer • Galgantpulver • 1–2 EL Rapsöl

● Die Kartoffeln schälen, waschen und grob raspeln. Die Äpfel schälen, vierteln, entkernen und ebenfalls grob raspeln. Die Schalotten abziehen und fein hacken. Kartoffeln, Äpfel und Schalotten vermischen.

● Das Ei dazugeben, gut verrühren und mit Salz und Pfeffer kräftig würzen. 1 Prise Galgantpulver dazugeben.

● Das Öl in einer beschichteten Pfanne erhitzen. Aus der Masse kleine Reibekuchen formen und in die Pfanne geben. Von beiden Seiten in je 5 bis 6 Min. goldgelb braten.

Das passt dazu Feldsalat mit Radicchio und Austernpilzen (Seite 82)

Nährwerte pro Person
270 kcal • 7 g E • 9 g F • 37 g KH

Bunte Gemüsespieße

Blätterteig-Quiche mit Brokkoli

Basenwert: ★
(in Kombination mit Salat)
für 6 Personen
⊘ 1 Std.

1 Packung runder Blätterteig (aus dem Kühlregal) • 600 g Brokkoli • 1 EL Öl • 150 g Camembert • 200 g Sahne • 2 frische Eier • Meersalz • Pfeffer • frisch geriebene Muskatnuss

● Den Blätterteig in einer Springform auslegen. Den Backofen auf 180 °C vorheizen.

● Brokkoli putzen, waschen und in kleine Röschen teilen. In einem Topf das Öl erhitzen, den Brokkoli hineingeben, 3 EL Wasser angießen und den Brokkoli 2 bis 3 Min. bei mittlerer Hitze dünsten. In ein Sieb abgießen, abtropfen lassen und auf dem Teig verteilen.

● Camembert in dünne Scheiben schneiden und auf den Brokkoli legen.

● Die Sahne mit den Eiern vermischen, kräftig salzen und pfeffern und mit Muskatnuss würzen. Eiersahne über Brokkoli und Käse gießen und die Quiche auf der mittleren Schiene in etwa 45 Min. goldgelb backen.

Variationen Probieren Sie die Quiche auch mal mit anderen Gemüsesorten wie Magold oder Blumenkohl oder mit Blattspinat und Schafskäse.

Nährwerte pro Person
485 kcal • 21 g E • 46 g F • 27 g KH

Bärlauch-Kartoffel-Gnocchi

Basenwert: ★
(kombiniert mit basischer Sauce)
für 2 Personen
⊘ 45 Min.

500 g Kartoffeln • 1 Bund Bärlauch • 150 g Mehl • 1 Ei • Meersalz • Pfeffer

● Kartoffeln waschen und mit der Schale etwa 20 Min. garen. Abschrecken und etwas abkühlen lassen. Kartoffeln pellen und durch die Kartoffelpresse drücken.

● Den Bärlauch waschen, trocknen und in sehr feine Streifen schneiden. Mit dem Mehl, dem Ei, 1 Prise Salz und Pfeffer zu den Kartoffeln geben. Alle Zutaten mit den Händen zu einem glatten Teig verarbeiten. Teig etwa 15 Min. ruhen lassen.

● In einem Topf Salzwasser zum Kochen bringen. Den Kartoffelteig zu Rollen formen und 2 cm lange Stücke abschneiden. Mit einer Gabel eindrücken. Gnocchi im leicht kochenden Wasser etwa 3 Min. ziehen lassen. Sobald sie fertig sind, kommen sie an die Oberfläche. Mit einer Schaumkelle aus dem Wasser heben und mit einer Sauce servieren.

Das passt dazu Gemüsesauce mit Frischkäse (Seite 94) und ein gemischter Salat.

Nährwerte pro Person
470 kcal • 17 g E • 4 g F • 91 g KH

Folienkartoffeln mit Kräutercreme

Basenwert: ★★
für 2 Personen
⊘ 15 Min.

2 große Kartoffeln • Öl für die Folie • 200 g saure Sahne • Meersalz • Pfeffer • Paprikapulver • 1 Bund frische Kräuter

● Den Backofen auf 200 °C vorheizen. Die Kartoffeln waschen, abtrocknen, mehrmals einstechen. In leicht geöltes Backpapier einwickeln und das Päckchen mit einem stabilen Faden zuschnüren. Auf mittlerer Schiene ca. 50 Min. backen.

● Die saure Sahne glatt rühren und mit Salz, Pfeffer und Paprika würzen. Kräuter waschen, trocknen, fein hacken und etwa drei Viertel der Kräuter unter die Sahne mischen.

● Gegarte Kartoffeln auswickeln, auf zwei Teller geben und kreuzweise einschneiden. Mit der Kräutercreme füllen und mit den übrigen Kräutern bestreuen. Mit einem Salat ein wunderbar leichtes Essen.

Wussten Sie schon, … dass Kartoffeln sehr gut verstoffwechselt werden können? Wertvoll ist ihr hoher Kaliumgehalt. Kartoffeln aus biologischem Anbau sollten Sie vor dem Kochen gründlich abbürsten und dann mit Schale essen.

Das passt dazu Ein frischer Salat der Saison oder lecker gebratene Pilze.

Nährwerte pro Person
245 kcal • 6 g E • 6 g F • 26 g KH

Gratinierte Soja-Spätzle

Basenwert: ★
(in Kombination mit Salat)
für 4 Personen
⊘ 30 Min.

350 g Sojamehl (Reformhaus) • Meersalz • 2 Eier • 1 Zwiebel • 1 EL Butter • 100 g mittelalter Gouda • Pfeffer • Fett für die Form

● Für den Spätzleteig das Sojamehl mit 1 Prise Salz in eine Schüssel geben. Eier nacheinander dazugeben und mit dem Mehl zu einem Teig verrühren. Teig kräftig bearbeiten, bis er Blasen wirft. In einem großen Topf Salzwasser aufkochen und Spätzleteig durch einen Spätzlehobel in das Wasser geben. Wenn die Spätzle oben schwimmen, mit dem Schaumlöffel herausfischen, kalt abschrecken und gut abtropfen lassen. Backofen auf 200 °C vorheizen.

● Die Zwiebel abziehen und in feine Streifen schneiden. Die Butter in einer Pfanne erhitzen und die Zwiebelstreifen dazugeben und bei mittlerer Hitze 3 bis 4 Min. braten.

● Den Käse reiben. Die Auflaufform fetten, Spätzle einfüllen, salzen und pfeffern, mit Zwiebeln und Käse bestreuen und im Ofen etwa 15 Min. gratinieren.

Tipp Die gratinierten Spätzle sind eine ideale Beilage für kurzgebratenes Fleisch.

Nährwerte pro Person
455 kcal • 46 g E • 29 g F • 4 g KH

Schlemmer-Burger

Schlemmer-Burger

Basenwert: ★★
für 4 Personen
⊘ 20 Min.

200 g Tofu • 200 g vorgegarte Maronen •
3 Stängel glatte Petersilie • 1 Ei • 3 EL Mais •
1 EL Sojamehl • 1–2 TL Sojasauce • Salz • Pfeffer • Paprikapulver • Zitronensaft • 2 EL Olivenöl

● Den Tofu fein zerkrümeln und die Maronen in sehr feine Stückchen schneiden. Die Petersilie waschen, trocknen und fein hacken. Mit Tofu, Maronen und dem Ei in eine Schüssel geben und gut vermischen. Den Mais dazugeben. Bei Bedarf die Masse mit etwas Sojamehl binden. Mit Sojasauce, Salz, Pfeffer, Paprika und Zitronensaft abschmecken.

● Aus der Masse kleine Burger formen. Das Öl in einer großen Pfanne erhitzen und portionsweise die Burger darin von beiden Seiten je 4 bis 5 Min. braten.

Das passt dazu Ein frischer Salat der Saison oder lecker gebratene Pilze.

Wussten Sie schon, ... dass Eier im Stoffwechsel säuernd wirken? Wer keine Eier verwenden möchte, nimmt als Ersatz für ein Ei einfach 1 EL Sojamehl und verrührt es mit 1–2 TL Wasser.

Nährwerte pro Person
240 kcal • 10 g E • 11 g F • 27 g KH

Gemüse-Linguine mit Spinatsauce

Basenwert: ★★
für 2 Personen
⊘ 30 Min.

200 g Linguine • Salz • 2 Stangen Staudensellerie • ½ Zucchino • 100 g Blattspinat • 2 Tomaten • 1 Zwiebel • 1 EL Olivenöl • 100 ml Gemüsebrühe • Pfeffer

● Die Linguine in kochendem Salzwasser nach Packungsanleitung bissfest kochen. In ein Sieb abgießen, abtropfen lassen und warm halten.

● Den Sellerie waschen, putzen und fein würfeln. Den Zucchino waschen, putzen und klein schneiden. Den Spinat verlesen, gründlich waschen, abtropfen lassen und fein hacken. Die Tomaten halbieren, vom Stielansatz befreien, entkernen und klein schneiden. Die Zwiebel abziehen und fein hacken.

● Das Öl in einem Topf erhitzen. Zwiebel, Sellerie und Zucchino dazugeben und bei mittlerer Hitze 2 bis 3 Min. andünsten.

● Tomaten, Spinat und Brühe dazugeben und die Sauce mit Salz und Pfeffer abschmecken. Die Sauce bei schwacher Hitze ca. 10 Min. sanft kochen lassen, nochmals abschmecken und mit den Nudeln servieren.

Nährwerte pro Person
465 kcal • 17 g E • 7 g F • 83 g KH

Würzige Kartoffel-küchlein mit Pflaumen

Basenwert: ★★
für 6 Stück
⊘ 45 Min.

750 g Kartoffeln • 2 Frühlingszwiebeln • 150 g getrocknete Pflaumen • 100 g frische Sahne • 2 frische Eier • Meersalz • Pfeffer • frisch geriebene Muskatnuss • Fett für die Form

● Die Kartoffeln schälen, waschen und grob reiben. Die geriebenen Kartoffeln durch ein Tuch drücken, um überschüssige Flüssigkeit auszupressen.

● Die Frühlingszwiebeln putzen, waschen und den weißen und hellgrünen Teil in sehr feine Ringe schneiden. Die getrockneten Pflaumen in kleine Stückchen schneiden. Mit Kartoffelmus und Frühlingszwiebeln vermischen. Den Backofen auf 180 °C vorheizen. Sahne und Eier verquirlen. Mit Salz, Pfeffer und Muskatnuss würzig abschmecken. Mit den übrigen Zutaten gut vermischen.

● Eine Muffinform einfetten. Das Kartoffel-Pflaumen-Gemisch in die Vertiefungen der Muffinform füllen und in ca. 30 Min. goldgelb backen. Die Kartoffelmuffins kurz abkühlen lassen, aus der Form lösen und mit dem Fenchelgemüse (Seite 110) servieren.

Nährwerte pro Stück
335 kcal • 9 g E • 7 g F • 46 g KH

Fenchelgemüse mit Möhren und Petersilie

Basenwert: ★★★
für 2 Personen
⊘ 15 Min.

2 Fenchelknollen • 1 Bund junge Möhren • 2 Zwiebeln • 2 EL Rapsöl • ½ Bund Petersilie • Meersalz • Pfeffer

● Fenchel waschen, putzen, längs halbieren und in schmale Streifen schneiden. Die Möhren putzen, waschen, schälen und in dünne Scheiben schneiden. Die Zwiebeln abziehen, fein würfeln und in Öl glasig dünsten. Fenchel- und Möhrenstücke dazugeben und bei mittlerer Hitze 5 Min. dünsten.

● Die Petersilie waschen, trocknen und fein hacken. Zum Gemüse geben, das Gericht mit Salz und Pfeffer abschmecken und sofort servieren.

Das passt dazu Bircher-Kartoffeln (Seite 101).

Tipp Für einen verstärkten Basenfaktor und noch aromatischeren Geschmack: Nehmen Sie vor dem Kochen etwa ein Fünftel des Gemüses beiseite und raspeln es. Das restliche Gemüse dünsten und kurz vor dem Anrichten das rohe Gemüse dazugeben.

Nährwerte pro Person
205 kcal • 8 g E • 11 g F • 20 g KH

Dim Sum – Lachs-Wirsing-Päckchen

Basenwert: ★
(in Kombination mit Salat)
für 4 Personen
⊘ 30 Min.

4 mittelgroße Wirsingblätter • 1 Bund Frühlingszwiebeln • ½ Bund Koriander • 1 unbehandelte Zitrone • Salz • Pfeffer • 400 g Wildlachsfilet • 8 Holzspieße

● Wirsingblätter waschen und etwa 2 Min. blanchieren, kalt abschrecken und abtropfen lassen.

● Frühlingszwiebeln in sehr feine Ringe schneiden. Koriander fein hacken. Beides mit etwa 1 TL Schale der Zitrone vermischen und mit Salz, Pfeffer und Saft der Zitrone abschmecken.

● Lachsfilet abspülen, trocken tupfen und in vier Stücke teilen. Je ein Stück in die Mitte eines Wirsingblattes legen und die Zitronen-Kräuter-Mischung darübergeben. Blätter aufrollen und mit je zwei Holzspießen zusammenstecken.

● In einem Topf 3 bis 4 cm hoch Salzwasser erhitzen. Die Dim Sum in einem Dämpfkorb in den Topf stellen und zugedeckt bei mittlerer Hitze etwa 20 Min. dämpfen.

Nährwerte pro Person
215 kcal • 21 g E • 14 g F • 2 g KH

Zanderfilet auf zartem Gemüsebett

Basenwert: ★
für 2 Personen
⊘ 20 Min.

250 g Zanderfilet • 1 EL Zitronensaft • Meersalz • Pfeffer • 4 junge Möhren • 2 zarte Stangen Staudensellerie mit Grün • 1 TL Honig • 2 EL Selleriekraut

● Das Fischfilet kalt abspülen und trocken tupfen. Mit Zitronensaft beträufeln und mit Salz und Pfeffer würzen.

● Die Möhren waschen, putzen und in Scheiben schneiden. Den Staudensellerie ebenfalls waschen und putzen, die Blättchen beiseitelegen. Staudensellerie klein schneiden. Beides in einen Topf geben, knapp mit Wasser bedecken und Wasser zum Kochen bringen, dann die Hitze reduzieren.

● Das Fischfilet auf das Gemüse legen und bei schwacher Hitze Fisch und Gemüse 10 bis 15 Min. dünsten.

● Den Fisch herausnehmen. Den Honig unter das Gemüse rühren. Mit Salz und Pfeffer abschmecken. Das Selleriegrün waschen, trocknen und fein schneiden. Den Fisch auf zwei angewärmte Teller geben, das Gemüse daneben anrichten und mit dem Selleriegrün bestreuen.

Nährwerte pro Person
150 kcal • 26 g E • 1 g F • 87 g KH

Bandnudeln mit Zander und Pfifferlingen

Basenwert: ★
(in Kombination mit Salat)
für 2 Personen
⊘ 30 Min.

100 g Bandnudeln • Salz • 150 g Zanderfilet •
2 EL Zitronensaft • 2 Handvoll Pfifferlinge •
3 Frühlingszwiebeln • 1 TL Olivenöl • Pfeffer •
2–3 EL Gemüsebrühe • 2 EL Crème fraîche •
1–2 Stängel Dill

● Die Bandnudeln in Salzwasser nach Packungsanleitung bissfest kochen, in ein Sieb abgießen und abtropfen lassen. Filet waschen, trocken tupfen und würfeln. Mit Zitronensaft beträufeln. Pfifferlinge putzen, trocken abreiben und in dünne Scheiben schneiden. Frühlingszwiebeln waschen und in feine Ringe schneiden.

● Frühlingszwiebeln und Pilze in Öl anbraten, Zander zugeben, salzen und pfeffern. Etwa 5 Min. bei mittlerer Hitze garen lassen. Die Gemüsebrühe und die Crème fraîche zugeben und einmal aufkochen lassen.

● Mit Salz und Pfeffer abschmecken. Dill waschen, trocknen und klein schneiden. Die Nudeln unter die Sauce heben, sofort auf zwei Teller verteilen und mit Dill bestreut servieren.

Nährwerte pro Person
320 kcal • 23 g E • 14 g F • 37 g KH

Kabeljau mit Tomaten-Paprika-Reis

Basenwert: ★
(in Kombination mit Salat)
für 2 Personen
⊘ 30 Min.

2 Schalotten • 4 TL Rapsöl • 100 g Naturreis •
250 ml Gemüsebrühe • 1 Lorbeerblatt • 4 Tomaten • 2 grüne Paprikaschoten • 300 g Kabeljaufilet • 3 Stängel Petersilie • Salz • weißer Pfeffer • 4 TL saure Sahne

● Die Schalotten abziehen, klein schneiden und in Öl kurz andünsten. Den Reis dazugeben und unter Rühren glasig dünsten. Die Gemüsebrühe und das Lorbeerblatt dazugeben und ca. 20 Min. leise kochen lassen.

● Tomaten und Paprikaschoten waschen. Tomaten und Paprika von Stielansatz bzw. Kernen befreien und würfeln. Den Fisch klein schneiden. Mit Tomaten und Paprika nach ca. 10 Min. zum Reis geben und bei schwacher Hitze garen.

● Die Petersilie waschen, trocknen und klein schneiden. Den Reis mit Salz und Pfeffer abschmecken. Ganz zum Schluss die saure Sahne dazugeben. Mit der Petersilie bestreut servieren.

Nährwerte pro Person
480 kcal • 35 g E • 13 g F • 53 g KH

Gedämpfter Kabeljau

Schwertfisch vom Grill

Basenwert: ★
(in Kombination mit Salat oder Gemüse)
für 2 Personen
⊘ 20 Min.

2 Scheiben Schwertfisch (à 150 g) •
1 Knoblauchzehe • 1 EL Olivenöl • 2 TL
Zitronensaft • Salz • Pfeffer

● Die Schwertfischscheiben abwaschen,
mit Küchenpapier trocken tupfen und ne-
beneinander auf einen großen Teller legen.

● Den Knoblauch abziehen und grob hacken. Mit Öl und Zitronensaft vermischen
und über den Fisch träufeln. Etwa 30 Min.
im Kühlschrank zugedeckt marinieren lassen.

● Den Knoblauch entfernen. Die Fischschei-
ben leicht salzen und pfeffern.

● Auf dem Grill von jeder Seite etwa 5 bis
6 Min. garen (oder in der Pfanne von jeder
Seite 4 bis 5 Min. braten).

Das passt dazu Lecker schmeckt dazu Blattsalat.

Nährwerte pro Person
175 kcal • 25 g E • 8 g F • 1 g KH

Seezungenfilet mit Kohlrabi

Basenwert: ★
(in Kombination mit Kartoffeln)
für 2 Personen
⊘ 25 Min.

250 g Seezungenfilet • 1–2 TL Zitronensaft •
Salz • Pfeffer • 2 Stängel Estragon • 2 EL Butter • 1 Kohlrabi • 2 Kartoffeln • 2 EL Brunnenkresse • 125 ml Gemüsebrühe

● Seezungenfilet abspülen, trocken tupfen, mit Zitronensaft beträufeln, salzen und
pfeffern. Den Estragon waschen, trocknen
und klein schneiden.

● In einer beschichteten Pfanne 1 EL Butter
erhitzen. Filets darin bei mittlerer Hitze von
jeder Seite ca. 4 Min. braten. Den Estragon
darüberstreuen und warm stellen.

● Den Kohlrabi schälen, halbieren und in
feine Scheibchen schneiden. Die Kartoffeln
schälen, waschen und in Stifte schneiden.
Brunnenkresse abbrausen.

● 1 EL Butter erhitzen, die Kohlrabischei-
ben und Kartoffelstifte darin andünsten.
Mit der Gemüsebrühe ablöschen. Gemüse
ca. 10 Min. garen, Brunnenkresse hinzuge-
ben, mit Salz und Pfeffer abschmecken.

Nährwerte pro Person
550 kcal • 25 g E • 10 g F • 19 g KH

Gebratener Loup de mer mit Kartoffeln

Basenwert: ★
(in Kombination mit Salat)
für 2 Personen
⊘ 25 Min.

4 kleine junge Kartoffeln • 2 Filets vom Loup de mer • 1 TL Mehl • 1–2 EL Butter • Meersalz • Pfeffer • 2 Stängel glatte Petersilie • 2 EL Kapern • 1–2 EL Zitronensaft

● Die Kartoffeln waschen und in der Schale etwa 20 Min. gar kochen.

● Inzwischen die Fischfilets waschen und abtupfen. Auf beiden Seiten mit etwas Mehl bestäuben. Die Butter in einer beschichteten Pfanne erhitzen. Fischfilets auf beiden Seiten jeweils 3 Min. braten, salzen und pfeffern.

● Die Petersilie waschen, trocknen und klein schneiden. Petersilie, Kapern und Zitronensaft zum Fisch in die Pfanne geben und kurz erhitzen. Die Kartoffeln abgießen, auf zwei Teller geben und den Fisch daneben anrichten. Sofort servieren.

Tipp Dieses Rezept ist ein ideales Gästeessen. Loup de mer, auch als Wolfs- oder Seebarsch bekannt, hat sehr feines, weißes Fleisch. Er gehört zu den hochpreisigen Fischsorten.

Nährwerte pro Person
340 kcal • 31 g E • 9 g F • 32 g KH

Fischfilet im Gemüsepäckchen

Basenwert: ★★
für 4 Personen
⊘ 30 Min.

2 kl. Fenchelknollen • 2 kl. Kohlrabi • 2 Frühlingszwiebeln • 8 Kirschtomaten • 4 EL Rapsöl • 1 EL trockener Weißwein • 2 EL Sojasauce • Salz • Pfeffer • 4 Seelachsfilets (à 125 g) • Zitronensaft

● Den Fenchel waschen, putzen und klein schneiden. Den Kohlrabi schälen und klein schneiden. Beides kurz blanchieren, kalt abschrecken und abtropfen lassen.

● Die Frühlingszwiebeln waschen, putzen, erst längs, dann quer durchschneiden. Die Tomaten waschen und kreuzweise einschneiden. Gemüse in eine Schüssel geben. Öl, Wein, Sojasauce, Salz und Pfeffer verrühren und darübergießen. Gemüse ca. 30 Min. marinieren.

● Den Backofen auf 180 °C vorheizen. Aus Backpapier vier Stücke (ca. 25 × 25 cm) schneiden. Das abgetropfte Gemüse darauf verteilen. Die Filets abspülen, trocken tupfen, salzen, pfeffern und auf das Gemüse legen. Etwas Zitronensaft darüberträufeln und die Päckchen mit einem stabilen Faden oben gut verschließen. Auf ein Backblech legen und im Ofen (Mitte) in ca. 15 Min. garen.

Nährwerte pro Person
245 kcal • 28 g E • 12 g F • 13 g KH

Fischcurry

Fischcurry mit Gemüse und Kokosmilch

Basenwert: ★
für 2 Personen
⊘ 30 Min.

250 g Viktoriabarschfilet • 1 EL Limettensaft • 100 g Zuckerschoten • 1 rote und 1 gelbe Paprikaschote • 4 Frühlingszwiebeln • ½ Chilischote • 2 EL Erdnussöl • 200 ml Kokosmilch • 1 TL rote Currypaste • Salz • Pfeffer • ½ Bund Thai-Basilikum

● Fisch abspülen, trocken tupfen, in Stücke schneiden und mit Limettensaft beträufeln. Gemüse waschen, putzen und klein schneiden.

● Öl im Wok erhitzen und den Fisch etwa 3 Min. anbraten. Herausnehmen und warm stellen. Gemüse im Wok anbraten. Currypaste in die Kokosmilch rühren und zum Gemüse gießen. In etwa 5 Min. bissfest kochen. Mit Salz und Pfeffer abschmecken.

● Fisch unter das Gemüse mischen. Basilikum waschen, hacken und das Curry damit bestreuen.

Tipp Currypasten gibt es im Asialaden. Die rote Paste ist die schärfste, die gelbe ist etwas milder und ideal für Geflügel. Die milde grüne Paste passt zu Gemüse.

Nährwerte pro Person
410 kcal • 38 g E • 15 g F • 28 g KH

Carpaccio vom Edelfisch

Basenwert: ★
(in Kombination mit Salat und Basendrink)
für 4 Personen
⊘ 30 Min.

2 dünne Filets vom St. Petersfisch • 2 EL Limettensaft • Meersalz • Pfeffer • 4 feine Scheiben Wildlachs • ½ Bund Dill • 2 Fenchelknollen • 1 EL Olivenöl • einige Limettenschnitze • rosa Pfeffer

● Die Filets abspülen, trocken tupfen und mit dem Limettensaft beträufeln. Salzen und pfeffern. Vorsichtig flach klopfen und mit den Lachsscheiben belegen. Den Dill waschen, trocknen, fein hacken und darüberstreuen. Fischfilets aufrollen, in Folie wickeln und im Tiefkühlfach etwa 20 Min. kühlen. Inzwischen die Fenchelknollen putzen, waschen und quer in hauchdünne Scheibchen schneiden.

● Die Röllchen aus der Folie packen und mit einem sehr scharfen Messer in papierdünne Scheiben schneiden. Auf vier Tellern abwechselnd mit den Fenchelscheibchen anrichten. Mit Öl beträufeln und mit etwas Salz, den Limettenschnitzen und Pfeffer würzen. Sofort servieren.

Tipp Der Fisch muss absolut frisch sein, da er roh gegessen wird.

Nährwerte pro Person
140 kcal • 17 g E • 5 g F • 3 g KH

Seeteufel auf milder Mandelsauce ...

Basenwert: ★
(in Kombination mit grünem Salat)
für 2 Personen
⊘ 20 Min.

4 Seeteufelmedaillons (à 80 g) • Salz • Pfeffer •
2 TL Olivenöl • 1 TL Butter • 1 Knoblauchzehe •
½ Chilischote • 1 Thymianzweig • 2 EL gehackte
Mandeln • 2–3 EL Weißwein • ½ TL Gemüsebrühe • 2 EL Crème légère

● Die Fischmedaillons vorsichtig waschen,
trocken tupfen und auf beiden Seiten mit
Salz und Pfeffer würzen.

● Öl und Butter in einer Pfanne erhitzen
und die Medaillons bei mittlerer Hitze auf
jeder Seite in 3 bis 4 Min. goldgelb braten.
Herausnehmen und warm stellen.

● Den Knoblauch abziehen, die Chilischote
entkernen. Den Thymianzweig waschen.
Alles fein hacken und in der noch heißen
Pfanne kurz andünsten.

● In einer zweiten Pfanne die Mandeln
ohne Fett anrösten. Mit Weißwein, Gemüsebrühe und Crème légère zu Knoblauch,
Chili und Thymian geben. Kurz aufkochen
lassen und würzig abschmecken. Den Fisch
auf zwei Teller verteilen und mit der Sauce
begießen.

Nährwerte pro Person
195 kcal • 24 g E • 15 g F • 2 g KH

... mit luftig-leichtem Kartoffel-Kefir-Püree

Basenwert: ★★
für 2 Personen
⊘ 30 Min.

500 g mehlig kochende Kartoffeln •
1 kleine Zwiebel • Salz • 125 g Kefir • 3 TL
Sahne • 1 TL Butter • Pfeffer • Muskatnuss

● Die Kartoffeln schälen und waschen. Die
Zwiebel abziehen. Kartoffeln und Zwiebel in
Salzwasser etwa 20 Min. gar kochen.

● Den Kefir mit der Sahne in einem Topf
vermischen und erwärmen. Die Kartoffeln und Zwiebel abgießen, in eine Schüssel geben und mit dem Kartoffelstampfer
zerstampfen oder durch die Kartoffelpresse
drücken. Die Butter unter das Püree mischen.

● Das Kefir-Sahne-Gemisch nach und nach
unter die Kartoffeln rühren. Das Püree mit
Salz, Pfeffer und Muskatnuss abschmecken.

Tipp Das Püree schmeckt ganz raffiniert,
wenn Sie gekochten Fenchel oder Tiefkühl-
erbsen pürieren und untermischen.

Nährwerte pro Person
260 kcal • 8 g E • 5 g F • 41 g KH

Rotbarben vom Blech mit Gemüse

Basenwert: ★
für 4 Personen
⊘ 30 Min.

8 kleine Rotbarbenfilets • 4 EL Zitronensaft •
Meersalz • Pfeffer • 5 EL Olivenöl • 1 gelbe Paprikaschote • 1 Zucchino • 2 Knoblauchzehen •
4 gekochte Kartoffeln • 8 Kirschtomaten •
1 Handvoll schwarze Oliven

● Fischfilets waschen und trocken tupfen. Mit Zitronensaft beträufeln, salzen und
pfeffern. Ein Backblech mit 1 EL Öl einölen
und die Filets mit der Hautseite auf das
Blech legen.

● Paprikaschote und Zucchino putzen und
waschen. Die Paprika entkernen und in
Streifen, Zucchino in Scheiben schneiden.
Den Knoblauch abziehen und hacken.

● Den Backofen auf 200 °C vorheizen. Die
Kartoffeln pellen und vierteln. Mit 4 EL Öl,
Gemüse und Knoblauch in einer Schüssel
vermischen. Kräftig mit Salz und Pfeffer ab-
schmecken. Um den Fisch herum auf dem
Blech verteilen.

● Im Ofen auf mittlerer Schiene etwa
20 Min. garen. Nach etwa 15 Min. Tomaten und Oliven auf das Blech legen. Fisch mit
dem Gemüse anrichten.

Nährwerte pro Person
370 kcal • 37 g E • 14 g F • 12 g KH

Gedünstetes Heilbutt-filet auf Brokkoli

Basenwert: ★
für 2 Personen
⊘ 30 Min.

250 g Heilbuttfilet (ersatzweise Zanderfilet) • Salz • Pfeffer • 3 TL Butter • 2 EL trockener
Weißwein • 400 g Brokkoli • 150 ml Gemüsebrühe • 2 EL Mandelblättchen • frisch geriebene Muskatnuss

● Den Fisch vorsichtig abspülen, trocken
tupfen, salzen und pfeffern.

● In einer beschichteten Pfanne 2 TL Butter
erhitzen und den Fisch bei mittlerer Hitze
von beiden Seiten kurz anbraten. Den Weißwein dazugeben, Deckel auflegen und den
Fisch bei schwacher Hitze ca. 4 Min. dünsten, bis er gar ist. Fisch aus der Pfanne heben
und warm stellen.

● Den Brokkoli putzen, waschen und in
Röschen teilen. Die Gemüsebrühe in einem
Topf aufkochen, Brokkoli hineingeben und
in 5 bis 6 Min. bissfest garen. In ein Sieb abgießen. 1 TL Butter schmelzen und die Mandelblättchen darin goldbraun anbraten.

● Den Brokkoli auf zwei Teller verteilen,
Fisch darauf anrichten und mit den Mandelblättchen bestreuen.

Nährwerte pro Person
280 kcal • 17 g E • 5 g F • 3 g KH

Gemüsereis mit Hackfleisch

Basenwert: ★
(in Kombination mit Salat)
für 4 Personen
⊘ 30 Min.

Salz • 200 g Reis • 2 Zucchini • 2 rote Paprika-schoten • 4 Möhren • 1 EL Olivenöl • 100 g Rin-derhackfleisch • Pfeffer • 1 Msp. gemahlener Kreuzkümmel und Koriander

● In einem Topf Salzwasser aufkochen und den Reis bei schwacher Hitze nach Pa-ckungsangabe in etwa 20 Min. zugedeckt gar kochen bzw. ausquellen lassen.

● Gemüse waschen und putzen. Die Zuc-chini in Scheiben schneiden, die Papri-kaschoten entkernen und würfeln. Die Möhren schälen und in dünne Scheiben schneiden.

● Das Öl erhitzen und das Hackfleisch da-rin bei starker Hitze unter Rühren krüme-lig braten. Das Gemüse dazugeben und bei mittlerer Hitze 5 bis 6 Min. dünsten. Mit Salz, Pfeffer, Kreuzkümmel und Korian-der würzen. Den Reis abtropfen lassen und untermischen.

Tipp Der Gemüsereis mit Hackfleisch schmeckt als kleine leichte Mahlzeit zwi-schendurch.

Nährwerte pro Person
305 kcal • 13 g E • 6 g F • 42 g KH

Kalbsmedaillons mit Gorgonzola-Polenta

Basenwert: ★
(mit frischem Gemüse oder Salat)
für 2 Personen
⊘ 45 Min.

Für die Polenta
100 g Sahne • Salz • Pfeffer • Muskatnuss • 1 TL Rosmarinnadeln • 1 EL Butter • 100 g Po-lentagrieß • 1 EL Gorgonzola
Für die Medaillons
4 Kalbsmedaillons (à ca. 70 g) • Salz • Pfeffer • 1–2 EL Rapsöl

● Die Sahne mit 300 ml Wasser verrühren. Kräftig mit Salz, Pfeffer und Muskatnuss würzen, Rosmarin zugeben. Die Sahnemi-schung in einem Topf erhitzen und die But-ter darin zerlassen. Den Polentagrieß mit dem Schneebesen einrühren.

● Bei schwacher Hitze zugedeckt ausquel-len lassen. Ab und zu mit einem Holzlöffel umrühren. Gorgonzola unter die fertige Po-lenta rühren.

● Die Kalbsmedaillons abspülen und trock-nen. Salzen und pfeffern. Das Öl erhitzen, Fleisch bei starker Hitze kurz anbraten. Die Hitze reduzieren, bei mittlerer Hitze auf je-der Seite ca. 4 Min. braten. Medaillons mit der Polenta servieren.

Nährwerte pro Person
160 + 350 kcal • 25 + 6 g E • 7 + 19 g F • 0 + 38 g KH

Rindfleisch in Kokos-Chili-Sauce

Rindfleisch in Kokos-Chili-Sauce

Basenwert: ★
(in Kombination mit Kartoffeln)
für 2 Personen
⊘ 30 Min.

300 g Rinderfilet • 4 EL Sojasauce • 2 Frühlingszwiebeln • 1 Chilischote • 2 Knoblauchzehen • je 1 rote und grüne Paprikaschote • 100 g Austernpilze • 1 Stück Ingwer (ca. 2 cm) • 2 EL Sesamöl • Currypulver • 200 ml Kokosmilch • Zitronensaft • Salz • Pfeffer

● Das Filet in Streifen schneiden und in 2 EL Sojasauce 15 Min. marinieren.

● Frühlingszwiebeln und Chilischote waschen, putzen und in feine Ringe schneiden. Den Knoblauch abziehen, Paprikaschoten waschen und beides in feine Streifen schneiden. Pilze putzen, trocken abreiben und klein schneiden. Den Ingwer schälen und raspeln.

● In einer Pfanne mit hohem Rand Öl erhitzen. Knoblauch, Frühlingszwiebeln, Chili und Fleisch anbraten. Mit 1 Msp. Curry bestreuen. Gemüse und Ingwer dazugeben und knackig anbraten. Mit Kokosmilch und restlicher Sojasauce ablöschen. Weitere 3 Min. garen. Pikant abschmecken.

Nährwerte pro Person
365 kcal • 38 g E • 17 g F • 12 g KH

Knusperente mit Brokkoli und Sprossen

Basenwert: ★
(in Kombination mit Salat)
für 4 Personen
⊘ 30 Min.

500 g Entenbrust • 1 rote Zwiebel • 4 Frühlingszwiebeln • 200 g Brokkoli • 100 g Sojasprossen • 1 EL Erdnussöl • 100 ml Gemüsebrühe • 3 EL Sojasauce • Pfeffer • Salz • 1 EL Mandelblättchen

● Die Entenbrust abspülen, trocknen und in dünne Scheiben schneiden. Die Zwiebel abziehen und fein hacken, die Frühlingszwiebeln in feine Ringe schneiden. Brokkoli in sehr kleine Röschen zerteilen. Sprossen abbrausen und abtropfen lassen.

● Das Öl in einer beschichteten Pfanne erhitzen, die Entenbrust bei mittlerer Hitze in ca. 3 Min. knusprig anbraten, herausnehmen und warm stellen. Geschnittenes Gemüse in den Bratfond geben, kurz anbraten und mit der Gemüsebrühe ablöschen. Nach ca. 4 Min. die Sprossen unterheben, weitere 4 Min. dünsten. Mit Sojasauce, Pfeffer und evtl. etwas Salz abschmecken.

● Das Fleisch zum Gemüse geben und kurz erhitzen. Mit den Mandelblättchen servieren.

Nährwerte pro Person
360 kcal • 26 g E • 25 g F • 5 g KH

Lammkoteletts mit Kräuterkartoffeln ...

Basenwert: ★ (mit dem Kürbisgemüse)
für 2 Personen
⊘ 25 Min.

4 junge Kartoffeln • Salz • 2 Lammkoteletts •
Pfeffer • 1 Knoblauchzehe • 2 TL Olivenöl • 1
Zucchino • 1 Handvoll Champignons • 1 EL Rosmarinnadeln • 1 EL Rotwein

● Die Kartoffeln waschen und in der Schale
in Salzwasser in etwa 20 Min. gar kochen.

● Die Lammkoteletts waschen, trocknen,
salzen und pfeffern. Den Knoblauch abziehen und fein hacken. 1 TL Öl in einer Pfanne
erhitzen. Die Koteletts mit dem Knoblauch etwa 3 Min. von beiden Seiten braten.
Warm stellen.

● Den Zucchino waschen, die Champignons putzen und trocken abreiben. Beides
in Scheiben schneiden. Rosmarin hacken.
1 TL Öl erhitzen, Gemüse 2 bis 3 Min. dünsten, Rosmarin unterheben, mit Rotwein ablöschen und zum Schluss abschmecken. Mit
Kartoffeln und Lamm anrichten.

Tipp Kein Menü für alle Tage, denn die Koteletts sind sehr kalorienreich. Als Ausgleich
bietet sich z. B. abends eine leichte Gemüsebouillon (Seite 69) an.

Nährwerte pro Person
715 kcal • 29 g E • 55 g F • 33 g KH

... und süßsaurem Kürbisgemüse

Basenwert: ★★★
für 2 Personen
⊘ 10 Min.

400 g Kürbis • 1 Knoblauchzehe • 1 EL Olivenöl • ½ TL Honig • 1 EL Apfelessig • Salz •
Pfeffer • Cayennepfeffer • 1 Stängel Basilikum

● Den Kürbis schälen, Kerne mit einem
Löffel entfernen. Kürbisfleisch in Scheiben schneiden. Den Knoblauch abziehen
und hacken. In einer beschichteten Pfanne
das Öl erhitzen, Kürbis und Knoblauch bei
schwacher Hitze ca. 5 Min. dünsten und
wieder herausnehmen.

● Den Honig in die Pfanne zu dem Bratfond
geben. Mit Essig ablöschen, mit Salz, Pfeffer
und 1 Prise Cayennepfeffer würzen.

● Den Kürbis wieder dazugeben und unterrühren. Ein paar Min. durchziehen lassen.
Das Basilikum waschen, hacken und über
das Gemüse streuen.

Nährwerte pro Person
95 kcal • 2 g E • 5 g F • 11 g KH

Thymian-Ratatouille mit Hühnerbrust

Basenwert: ★
für 4 Personen
⊘ 30 Min.

1 Zwiebel • 1 Knoblauchzehe • 1 Zucchino • je ½ gelbe und rote Paprikaschote • 1 kl. Aubergine • 2 TL Olivenöl • ½ Bund Thymian • 1 kl. Dose geschälte Tomaten • 1 Lorbeerblatt • 400 g Hähnchenbrustfilet • 1 EL Butterschmalz • Pfeffer • Salz

● Zwiebel und Knoblauch abziehen und fein schneiden. Gemüse waschen, putzen und würfeln. Das Öl erhitzen, die Zwiebel kurz anbraten, Zucchino, Paprika und Knoblauch dazugeben und 3 Min. dünsten.

● Thymian waschen und die Blättchen abzupfen. Mit den Auberginenwürfeln, Tomaten und dem Lorbeerblatt in den Topf geben. Aufkochen, dann zugedeckt bei mittlerer Hitze 15 Min. schmoren.

● Das Hähnchenbrustfilet in feine Streifen schneiden und pfeffern. Das Butterschmalz in einer Pfanne erhitzen und das Fleisch bei starker Hitze rundum anbräunen. Bei mittlerer Hitze in 3 bis 4 Min. garen. Mit Salz abschmecken.

● Gemüse auf vier Teller geben und die Hühnerstreifen darauf anrichten.

Nährwerte pro Person
235 kcal • 25 g E • 52 g F • 9 g KH

Ananassauerkraut mit Putenschnitzel

Basenwert: ★
für 2 Personen
⊘ 45 Min.

2 Scheiben Ananas (aus der Dose) • 400 g frisches Sauerkraut • 2 Putenschnitzel (à ca. 125 g) • 2 TL Rapsöl • Meersalz • weißer Pfeffer

● Die Ananas sehr fein würfeln. Mit dem Sauerkraut in einen Topf geben und bei schwacher Hitze 30 bis 35 Min. kochen.

● Die Putenschnitzel abspülen und trocknen. Das Öl in einer Pfanne erhitzen und die Putenschnitzel darin bei mittlerer Hitze auf jeder Seite 3 bis 5 Min. braten.

● Schnitzel herausnehmen, mit Salz und weißem Pfeffer würzen und mit dem Ananas-Sauerkraut auf zwei Tellern anrichten.

Wussten Sie schon, … dass Sauerkraut reich an Vitamin C ist? Die rechtsdrehende L(+)-Milchsäure aktiviert zudem die Bauchspeicheldrüse und unterstützt die Reinigung des Darms.

Nährwerte pro Person
305 kcal • 33 g E • 11 g F • 9 g KH

Gegrilltes Steak mit Gemüsepäckchen

Basenwert: ★
für 4 Personen
⏲ 50 Min.

2 Fenchelknollen • 1 Handvoll Austernpilze •
1 Zucchino • 4 Kirschtomaten • 4 EL Rapsöl •
4 EL Sojasauce • 1 EL trockener Weißwein •
Salz • Pfeffer • 1 Bund gemischte Kräuter •
4 große Gemüseblätter • 4 kleine Rinder-
steaks

● Fenchel putzen, waschen und vierteln. In
kochendem Wasser kurz blanchieren, kalt
abschrecken und abtropfen lassen. Pilze
putzen, Zucchino und Tomaten waschen.
Zucchino in Stücke schneiden. Alles in eine
Schüssel geben.

● Aus Öl, Sojasauce, Wein, Salz und Pfeffer eine Marinade rühren und das Gemüse
etwa 15 bis 20 Min. marinieren. Gemüse
abtropfen lassen.

● Kräuter waschen und hacken. Mit dem
Gemüse auf vier größere Gemüseblätter
(z. B. Kohl-, Mangold- oder Maisblätter) verteilen und diese mit einem Faden verschließen. Mit etwas Öl bestreichen und etwa
25 Min. auf dem Grill garen.

● Die Steaks waschen, trocknen, salzen, pfeffern und auf dem Grill garen. Mit dem Gemüse servieren.

Nährwerte pro Person
275 kcal • 30 g E • 15 g F • 4 g KH

Rindfleischtopf mit grünen Bohnen

Basenwert: ★
für 2 Personen
⏲ 25 Min.

200 g zartes Rindfleisch • 3 EL Rapsöl • 500 g
grüne Bohnen • 1 Zwiebel • 1 kleine Möhre •
1 kleine Stange Lauch • 750 ml Gemüsebrühe • ½ Bund Bohnenkraut • 2 Kartoffeln •
Salz • Pfeffer • 2 EL Weißweinessig

● Fleisch kalt abspülen, trocknen und in
mundgerechte Stücke schneiden. Öl in einem großen Topf erhitzen, Fleisch bei starker Hitze rundum anbraten.

● Die Bohnen waschen, putzen und schräg
in kleine Stücke schneiden. Die Zwiebel abziehen, die Möhre waschen, putzen und
schälen. Beides klein würfeln. Lauch putzen, längs aufschneiden, waschen und in
feine Ringe schneiden.

● Zwiebel, Möhre und Lauch zum Fleisch
geben und kurz andünsten, Bohnen dazugeben. Die Gemüsebrühe angießen. Das Bohnenkraut waschen und dazugeben. Alles einige Min. bei schwacher Hitze sanft kochen
lassen. Die Kartoffeln schälen, waschen,
klein würfeln und dazugeben. Nochmals 15
bis 20 Min. kochen. Das Bohnenkraut entfernen und den Eintopf mit Salz, Pfeffer und
Essig abschmecken.

Nährwerte pro Person
485 kcal • 30 g E • 28 g F • 24 g KH

Saté – Putenfleisch-Spießchen

Saté – Putenfleisch-Spießchen

Basenwert: ★
(in Kombination mit Salat)
für 4 Personen
⊘ 30 Min.

3 kleine Putenschnitzel • 1 Knoblauchzehe • 1 walnussgroßes Stück Ingwer • 4 EL Sojasauce • ¼ Baby-Ananas • 1 roter Apfel • 3 EL Erdnussöl • 4 Holz- oder Metallspieße

● Die Putenschnitzel abspülen, trocken tupfen, in Streifen schneiden und in eine Schüssel geben. Knoblauch und Ingwer schälen und fein hacken. Mit der Sojasauce zum Fleisch geben, gut vermischen. Das Fleisch darin etwa 20 Min. marinieren.

● Die Ananas schälen, dabei auch die braunen »Augen« entfernen. Ananas in Stücke schneiden. Den Apfel waschen, vierteln, entkernen und ebenfalls in nicht zu kleine Stücke schneiden.

● Marinierte Fleischstreifen abtropfen lassen und abwechselnd mit Ananas- und Apfelstücken auf Spieße stecken. Das Öl in einer beschichteten Pfanne erhitzen. Spieße von jeder Seite ca. 4 Min. braten.

Das passt dazu Ein bunter Salat der Saison.

Nährwerte pro Person
180 kcal • 19 g E • 9 g F • 20 g KH

Hähnchenschenkel mit Rosmarinkartoffeln

Basenwert: ★
(in Kombination mit Salat)
für 4 Personen
⊘ 1 Std. 10 Min.

8 Hähnchenschenkel • Salz • Pfeffer • 2–3 EL Olivenöl • 2 Knoblauchzehen • 2 Zweige Thymian • 4 Zweige Rosmarin • 8 kleine Kartoffeln • 1 TL Oregano

● Den Backofen auf 200 °C vorheizen. Hähnchenschenkel waschen, trocknen, salzen und pfeffern. Das Öl in einem Bräter erhitzen und die Hähnchenschenkel bei starker Hitze von beiden Seiten anbraten.

● Den Knoblauch abziehen und grob hacken. Thymian und Rosmarin waschen, trocknen, Blätter abzupfen und fein hacken. Kartoffeln schälen und waschen. Mit Kräutern und Knoblauch zu den Hähnchenschenkeln in den Bräter geben.

● Auf mittlerer Schiene in 45 bis 50 Min. garen. Während dieser Garzeit ein- bis zweimal mit dem Bratensaft übergießen.

● Bräter aus dem Ofen holen, Hähnchenschenkel und Kartoffeln anrichten, mit Oregano bestreuen und servieren. Dazu passt ein frischer Salat.

Nährwerte pro Person
465 kcal • 39 g E • 28 g F • 16 g KH

FEINE DESSERTS, BROT UND KUCHEN

Aprikosengratin mit Mandeln und Sesam

Basenwert: ★
für 4 Personen
⊘ 1 Std.

750 g reife Aprikosen • 100 g Butter • 100 g Vollkornmehl • 100 g gemahlene Mandeln • 50 g Rohrzucker oder 2 EL flüssiger Honig • Salz • 30 g Sesamsamen • ½ TL Zimtpulver • frischer Naturjoghurt zum Anrichten

● Die Aprikosen waschen, halbieren, die Steine entfernen. Den Backofen auf 175 °C vorheizen. Eine Gratinform mit 1 TL Butter fetten, Aprikosen hineingeben.

● Mehl, Mandeln, Zucker oder Honig, 1 Prise Salz, restliche Butter in Flöckchen, Sesamsamen und Zimt in einer Schüssel mischen und zu groben Streuseln vermengen. Die Streusel gleichmäßig auf den Aprikosen verteilen.

● Das Gratin im Ofen (Mitte) ca. 50 Min. backen, bis die Streusel goldbraun sind. Den Joghurt glatt rühren und zum Gratin reichen.

Nährwerte pro Person
590 kcal • 11 g E • 40 g F • 44 g KH

Hirseauflauf mit Äpfeln und Vanille

Basenwert: ★ (mit Kompott)
für 4 Personen
⊘ 45 Min.

1 Tasse Hirse (ca. 250 g) • Salz • 3 Äpfel • 1 Stück Ingwer • 3 EL Rosinen • 2 EL gemahlene Haselnüsse • 100 g Sahne • ½ TL Zimtpulver • Kardamom • 1 Msp. Bourbon-Vanille (Reformhaus) • 1 TL Butter • Fett für die Form

● Hirse waschen und abtropfen lassen. In einem Topf mit 2 Tassen (ca. 500 ml) heißem Wasser und 1 Prise Salz aufkochen, 15 Min. bei schwacher Hitze zugedeckt ausquellen lassen. Ab und zu umrühren.

● Äpfel schälen, vierteln, entkernen und klein schneiden. Ingwer schälen und fein hacken. Rosinen heiß abspülen. Den Backofen auf 200 °C vorheizen und eine Auflaufform fetten.

● Äpfel, Rosinen und Haselnüsse mit Hirse und Sahne vermischen. Mit Zimt, 1 Prise Kardamom und Vanille würzen, in die Form füllen und mit Butterflöckchen belegen. Den Auflauf in ca. 30 Min. goldbraun backen.

Nährwerte pro Person
380 kcal • 7 g E • 15 g F • 54 g KH

Kokos-Pralinés mit Mandeln

Basenwert: ★
(in Kombination mit frischem Obst)
für 20 Pralinés
⊘ 20 Min. + Kühlzeit

200 g Kokosfleisch (ersatzweise Kokosflocken) • 100 g weiche Butter • 2 EL Honig • 3 EL Kakaopulver (ungesüßt) • 1 Msp. Bourbon-Vanille (Reformhaus) • 1 Spritzer Zitronensaft • Salz • 1 EL Cognac (nach Belieben) • 4 getrocknete Datteln • 50 g gehackte Mandeln

● Das Kokosfleisch im Mixer cremig pürieren. Die weiche Butter in eine Schüssel geben und mit der Kokoscreme verrühren. Den Honig, das Kakaopulver, die Vanille, den Zitronensaft, 1 Prise Salz und nach Belieben den Cognac untermischen. Alle Zutaten zu einem glatten Teig verrühren.

● Die Datteln entkernen, sehr fein hacken und unter den Teig heben.

● Aus dem Teig etwa 20 kleine Kugeln formen. Die gehackten Mandeln auf einen flachen Teller geben und die Kokoskugeln in den gehackten Mandeln wälzen. Kugeln auf ein Tablett oder einen großen Teller legen und im Tiefkühlfach fest werden lassen.

Nährwerte pro Stück
70 kcal • 1 g E • 8 g F • 2 g KH

Marzipan-Kokos-Kugeln mit feiner Vanille

Basenwert: ★
(in Kombination mit frischem Obst)
für 20 Kugeln
⊙ 10 Min. + Kühlzeit

200 g fein gehackte Mandeln • 75 g Hirseflocken • 2 EL Melasse • 1 EL Honig • 1 EL Rosenwasser • ¼ TL Bourbon-Vanille (Reformhaus) • 1–2 EL Kokosraspel

● Mandeln und Hirse vermischen und in einer Getreidemühle sehr fein mahlen.

● Mit Melasse, Honig, Rosenwasser und der Bourbon-Vanille mischen und zu einem glatten Teig verkneten.

● Aus dem Teig etwa 20 Kugeln formen. Die Kokosraspel auf einen flachen Teller geben und die Kugeln darin wälzen. Kugeln mehrere Stunden im Kühlschrank durchziehen lassen.

Tipp Mit frischem Obst genossen, eine wunderbar süße Nachspeise, die ganz ohne Industriezucker auskommt. Bei Kindern beliebt und auch für Gäste ein passender Abschluss von einem feinen Menü.

Nährwerte pro Stück
80 kcal • 2 g E • 6 g F • 4 g KH

Beerengrütze mit flüssiger Sahne

Basenwert: ★★
für 4 Personen
⊙ 20 Min. + Kühlzeit

500 g gemischte rote Beeren • 2 Orangen • 2 EL Speisestärke • 1 TL Zimtpulver • 2 EL Agavendicksaft • 200 g Sahne

● Die Beeren putzen, waschen und gut abtropfen lassen. Orangen auspressen. Die Speisestärke mit 4 EL Orangensaft anrühren.

● Restlichen Orangensaft mit Zimt und Agavendicksaft in einem Topf zum Kochen bringen, die Speisestärke langsam dazugeben und unterrühren, einmal aufkochen lassen.

● 1 Handvoll Beeren klein schneiden und beiseitelegen, die restlichen Beeren unterrühren und alles bei schwacher Hitze kochen, bis der Früchtebrei glasig aussieht. Den Topf von der Herdplatte ziehen und die frischen Früchte unter die Grütze heben.

● Die Grütze in eine Glasschüssel füllen und kalt stellen.

● Die fest gewordene Grütze mit flüssiger Sahne servieren. Es passt auch glatt gerührter Joghurt.

Tipp Für eine blitzschnelle Variante verwenden Sie gemischte Tiefkühl-Beeren.

Nährwerte pro Person
255 kcal • 3 g E • 16 g F • 22 g KH

Bratäpfel mit Mandeln und Rosinen

Basenwert: ★★
für 4 Personen
⊘ 40 Min. (inkl. Backzeit)

2 EL Rosinen • 1 EL Apfelsaft • 4 große säuerliche Äpfel (Boskop oder Cox Orange) • 2 EL Mandelstifte • 2 EL gehackte Haselnüsse • ½ TL Zimtpulver • 2 EL Zitronensaft • 2 EL Quark • 200 g Naturjoghurt • 2 EL Sanddornsaft (Reformhaus)

● Den Backofen auf 200 °C vorheizen. Die Rosinen mit dem Apfelsaft beträufeln und ziehen lassen.

● Die Äpfel waschen und trocken reiben. Das Kerngehäuse ausstechen und die Äpfel in eine ofenfeste Form stellen.

● Mandelstifte, Rosinen, Nüsse, Zimt, Zitronensaft und Quark in einer Schüssel vermengen und auf die Äpfel verteilen. Die Äpfel auf mittlerer Schiene 20 bis 30 Min. backen.

● Äpfel auf einem Teller anrichten und etwas abkühlen lassen. Den Joghurt cremig rühren, Sanddornsaft unterheben. Diese Creme zu den Äpfeln servieren.

Tipp Schmeckt auch mit halbsteif geschlagener süßer Sahne oder einfach mit glatt gerührtem Vanillejoghurt.

Nährwerte pro Person
190 kcal • 4 g E • 8 g F • 23 g KH

Beeren-Crumble mit Joghurt-Sahne-Creme

Basenwert: ★
(in Kombination mit Fruchtsauce)
für 6 Personen
⊘ 50 Min.

500 g Beeren • 75 g Butter • 100 g Cantuccini • 75 g Mehl • 75 g flüssigen Honig • ½ TL abgeriebene Zitronenschale einer unbehandelten Zitrone • ½ TL Zimtpulver • 1 Prise Salz • 50 g Mandelstifte

Für die Creme
200 g Sahne • 100 g Naturjoghurt • 1 Päckchen Bourbon-Vanillezucker

● Die Beeren verlesen, waschen und trocknen. Eine ofenfeste flache Form mit Butter fetten und die Beeren hineingeben.

● Den Backofen auf 200 °C vorheizen. Die Cantuccini hacken und mit Mehl, Honig, Zitronenschale, Zimt, Salz, der restlichen Butter und der Hälfte der Mandelstifte zu Streuseln verkneten. Die Streusel und restlichen Mandelstifte auf den Beeren verteilen.

● Auf mittlerer Schiene 30 bis 40 Min. backen, bis die Streusel goldbraun sind.

● Die Sahne steif schlagen, Joghurt und Vanillezucker unterheben und die Creme zum Beeren-Crumble servieren.

Nährwerte pro Person
405 kcal • 5 g E • 7 g F • 35 g KH

Beeren-Crumble

Obstsalat mit weißem Pfirsich und Trauben

Basenwert: ★★★
für 2 Personen
⊘ 25 Min. (inkl. Ruhezeit)

Saft von ½ Orange • Saft von ½ Limette • 1 TL Agavendicksaft • 1 Stück Ingwer (ca. 1 cm) • 2 EL Mandeln • 1 weißer Pfirsich • 1 kleiner Apfel • 1 Handvoll blaue Trauben • 1 frische Feige • 1 Banane • 1 Chicoréestaude • 1 Zweig Minze

● Die drei Säfte in einer Schüssel verrühren. Den Ingwer schälen und sehr fein hacken, die Mandeln ebenfalls hacken und beides zu den Säften geben.

● Den Pfirsich und den Apfel waschen, entkernen und klein schneiden. Die Trauben waschen und halbieren. Die Feige und die Banane schälen und in kleine Stücke schneiden. Das Obst zu den anderen Zutaten geben und alles gut vermischen.

● Chicorée putzen und mit einem spitzen Messer den bitteren Strunk herausschneiden. Äußere Blätter entfernen. Blätter waschen und in dünne Streifen schneiden. Minze waschen, Blättchen fein hacken. Chicorée und Minze zum Salat geben und alles gut vermischen. An einem kühlen Ort etwa 15 Min. durchziehen lassen.

Nährwerte pro Person
275 kcal • 5 g E • 7 g F • 47 g KH

Erdbeeren auf Avocadocreme

Basenwert: ★
für 2 Personen
⊘ 15 Min.

300 g Erdbeeren • 2 TL Orangenlikör, z. B. Grand Marnier (ersatzweise Orangensaft) • 1 Avocado • 1 Spritzer Zitronensaft • 100 g saure Sahne • 1 TL Agavendicksaft (ersatzweise Vanillezucker) • 1 Msp. abgeriebene Schale einer unbehandelten Zitrone • 2 Zweige Zitronenmelisse

● Erdbeeren putzen, vorsichtig waschen und in feine Scheibchen schneiden. Mit Orangenlikör beträufeln und 10 Min. zugedeckt durchziehen lassen.

● Die Avocado halbieren und den Kern entfernen. Das Fruchtfleisch mit einem Löffel herausnehmen und sofort mit Zitronensaft beträufeln. Avocadofleisch mit saurer Sahne, Agavendicksaft und Zitronenschale zu einer glatten Creme rühren.

● Die Zitronenmelisse waschen, Blättchen abzupfen und hacken.

● Die Avocadocreme auf zwei flache Dessertteller streichen. Die Erdbeeren darauf anrichten und das Dessert mit Zitronenmelisse bestreuen.

Nährwerte pro Person
295 kcal • 4 g E • 23 g F • 16 g KH

Frucht-Shake mit Erdbeeren und Maracuja

Basenwert: ★
für 2 Gläser
⊘ 10 Min.

150 g Erdbeeren • 1 Maracuja (= Passionsfrucht; ersatzweise Kiwi oder Früchte der Saison wie Himbeeren) • 200 ml kalte Milch • 2 EL Vanilleeis (fertig gekauft)

● Die Erdbeeren putzen, vorsichtig waschen und in den Mixer geben.

● Die Maracuja halbieren und das Fruchtfleisch mit einem Löffel herausheben. Grob zerkleinern und zu den Erdbeeren in den Mixer geben.

● Die Milch und das Eis dazugeben und alles im Mixer fein pürieren. Auf zwei Gläser verteilen und sofort servieren.

Wussten Sie schon, … dass Erdbeeren leicht basisch sind und viele Mineralstoffe, u. a. auch Eisen, enthalten? Sie harmonieren sehr gut mit Kiwis.

Nährwerte pro Glas
170 kcal • 6 g E • 7 g F • 19 g KH

Papaya-Granatapfel-Salat mit Vanillecreme

Basenwert: ★★
für 2 Personen
⊘ 15 Min.

1 Papaya • 1 Pfirsich • Saft von 1 Limette • ½ TL Honig • 1 Granatapfel • 200 g Vanillejoghurt (fertig gekauft) • ¼ TL Zimtpulver • 1 EL Sesamsamen

● Papaya schälen und die Kerne entfernen. Das Fruchtfleisch in feine Streifen schneiden. Den Pfirsich waschen, entkernen und in kleine Würfel schneiden. Früchte in eine Schüssel geben, Limettensaft und Honig verrühren und über die Früchte träufeln.

● Den Granatapfel halbieren, Kerne und Fruchtfleisch mit einer Gabel herauslösen und zu den anderen Früchten geben.

● Den Joghurt mit Zimt glatt rühren. Die Sesamsamen in einer Pfanne ohne Fett kurz anrösten und über den Zimtjoghurt geben. Mit den Früchten servieren.

Tipp Das Fruchtfleisch der tropischen Papaya enthält kaum Säure und hat einen hohen Gehalt an Vitamin C und A. Wer möchte, kann die Papaya gegen Nektarinen, Ananas, Birnen oder Äpfel austauschen.

Nährwerte pro Person
280 kcal • 7 g E • 8 g F • 46 g KH

Blaubeer-Pfannkuchen aus Dinkelmehl ...

Basenwert: ★
(in Kombination mit frischer Fruchtsauce)
für 4 Personen
⊘ 10 Min.

250 g feines Dinkelmehl • 1 TL Weinsteinbackpulver • Salz • 1 Ei • 375 ml Buttermilch •
1 Handvoll Blaubeeren • 1 EL Rapsöl

● Mehl, Backpulver und 1 Prise Salz in einer Schüssel mischen. Das Ei in eine andere
Schüssel aufschlagen und mit der Buttermilch verrühren. Die Ei-Buttermilch-Mi-
schung zu dem Mehl geben und alles zu einem glatten Teig rühren.

● Die Blaubeeren verlesen, waschen, trocknen und unter den Teig heben.

● Das Rapsöl in einer beschichteten Pfanne
erhitzen und kleine Pfannkuchen ausba-
cken. Mit warmer Apfel-Himbeer-Sauce
servieren.

Tipp Dazu schmeckt statt der Apfel-
Himbeer-Sauce auch einmal ein Vanillejoghurt.

Nährwerte pro Person
330 kcal • 14 g E • 10 g F • 45 g KH

... mit warmer Apfel-Himbeer-Sauce

Basenwert: ★★
für 4 Personen
⊘ 10 Min.

2 mittelgroße Äpfel • 250 g frische Himbeeren
(ersatzweise TK-Himbeeren) • 2 EL Agavendicksaft (ersatzweise Puderzucker)

● Äpfel schälen, vierteln, entkernen und die
Viertel in kleine Stückchen schneiden. Himbeeren putzen und waschen (TK-Himbeeren auftauen lassen).

● Apfelstückchen, Himbeeren, 2 EL Wasser
und den Agavendicksaft bzw. Puderzucker
in einen Topf geben. Bei schwacher Hitze
etwa 5 Min. kochen. Mit dem Pürierstab
zu einer glatten Sauce pürieren. Die Sauce
warm zu den Blaubeer-Pfannkuchen servieren.

Nährwerte pro Person
80 kcal • 1 g E • 1 g F • 17 g KH

Basmati-Kokosreis mit Feigen und Rosinen ...

Basenwert: ★
(kombiniert mit Kompott)
für 4 Personen
⊘ 10 Min.

50 g getrocknete Feigen • 200 g Basmatireis • 200 ml Kokosmilch • 50 g Rosinen • 1 TL Honig • Salz • Zimtpulver • 1 Nelke • 200 ml fettarme Milch mit Wasser gemischt (1:1)

● Die Feigen klein schneiden. Den Basmatireis in einem Topf kurz ohne Fett anrösten. Kokosmilch, Rosinen, Feigen, Honig, 1 Prise Salz, 1 Prise Zimt und die Nelke dazugeben. So viel Milchwasser dazugießen, dass der Reis etwa daumenbreit bedeckt ist.

● Den Reis einmal aufkochen lassen und dann zugedeckt bei ganz schwacher Hitze 15 bis 20 Min. ausquellen lassen. Reis mit dem Pfirsich-Zimt-Kompott servieren.

Tipp Reis ist säureüberschüssig. Doch in Begleitung von Rosinen, Feigen und einem frischen Kompott wird aus dem süßen Reis ein leckeres Basengericht, das auch Kindern gut schmeckt.

Nährwerte pro Person
270 kcal • 4 g E • 1 g F • 58 g KH

... und Pfirsich-Zimt-Kompott

Basenwert: ★★
für 4 Personen
⊘ 15 Min.

500 g Pfirsiche • 1 TL Zimtpulver • 1 EL brauner Rohrzucker • 200 ml frisch gepresster Orangensaft • 1 TL Speisestärke • 1 TL Orangenlikör (nach Belieben) • 1 EL Mandelblättchen

● Pfirsiche waschen, entsteinen und in feine Spalten schneiden.

● Ein Drittel der Pfirsiche mit Zimt, Zucker und dem Orangensaft aufkochen und etwa 10 Min. leise kochen lassen. Früchte fein pürieren.

● Das Fruchtpüree wieder aufkochen lassen, die Speisestärke und nach Belieben den Likör dazugeben, nochmals 1 Minute kochen. Die restlichen Pfirsichspalten unterheben. Das Kompott mit Mandelblättchen verzieren und lauwarm zum Kokosreis servieren.

Variationen mit Pflaumen und Traubensaft oder mit Nektarinen; schmeckt auch mit Naturjoghurt.

Nährwerte pro Person
110 kcal • 2 g E • 2 g F • 21 g KH

Früchtepudding mit Mascarpone

Basenwert: ★
für 4 Personen
⊘ 20 Min. + Kühlzeit

500 ml frisch gepresster Apfelsaft • 2 EL Birnendicksaft • 2–3 TL Agar-Agar (aus dem Reformhaus oder Bioladen) • 150 g Mascarpone (ital. Frischkäse) • 1 Handvoll Himbeeren

● Den Apfelsaft mit dem Birnendicksaft in einen Topf geben und zum Kochen bringen. Agar-Agar unterrühren und alles 1 Minute kochen lassen. In eine Schüssel gießen und 10 bis 15 Min. stehen lassen.

● Den Mascarpone mit dem Handmixer aufschlagen, unter die Apfelcreme heben und die Puddingmasse locker aufschlagen.

● Den Pudding im Kühlschrank fest werden lassen. Die Himbeeren vorsichtig waschen und trocknen. Den Pudding auf vier Schälchen verteilen, die Himbeeren auf dem Pudding verteilen und das Dessert servieren.

Tipp Der Früchtepudding schmeckt auch mit vielen anderen süßen Fruchtsäften, wie beispielsweise Kirschsaft oder Orangensaft. Probieren Sie es einfach aus!

Nährwerte pro Person
250 kcal • 2 g E • 18 g F • 17 g KH

Heiße Himbeersauce mit Minze

Basenwert: ★★
für 4 Personen
⊘ 15 Min.

300 g TK-Himbeeren • 1 Orange • 1 EL Agavendicksaft (ersatzweise Puderzucker) • 1 Msp. Bourbon-Vanille (Reformhaus) • ½ TL Rum (nach Belieben) • 1 Zweig Minze

● Die Himbeeren antauen lassen. Die Orange halbieren und den Saft auspressen. Angetaute Himbeeren, Orangensaft und Agavendicksaft bzw. Puderzucker mit dem Pürierstab zu einer glatten Sauce pürieren.

● Die Sauce mit der Bourbon-Vanille und nach Belieben etwas Rum abschmecken.

● Die Sauce erst kurz vor der Verwendung in einem Topf unter Rühren langsam erhitzen, aber nicht kochen lassen. Die Minze waschen, die Blättchen abzupfen und über die Himbeersauce streuen.

Tipp Statt mit Himbeeren lässt sich die Fruchtsauce auch mit Erdbeeren oder gemischten Beeren zubereiten. Wenn Kinder mitessen, lassen Sie den Rum einfach weg.

Nährwerte pro Person
55 kcal • 2 g E • 1 g F • 9 g KH

Apfelbrot mit Rosinen und Mandeln

Basenwert: ★★
für 1 Kastenform (etwa 20 Scheiben)
⏱ 15 Min. + 1 Std. Backzeit

500 g Äpfel • 1 TL Zitronensaft • 75 g flüssiger Honig • 100 g Rosinen • 100 g getrocknete Feigen (oder Aprikosen) • 250 g Vollkornmehl • ½ Päckchen Backpulver • 1 Prise Nelkenpulver • 1 TL Zimtpulver • 100 g ganze Mandeln • 1 TL Butter

● Die Äpfel waschen, vierteln. entkernen und grob raspeln. In eine Schüssel geben und sofort mit Zitronensaft und Honig beträufeln, durchziehen lassen.

● Den Backofen auf 175 °C vorheizen. Die Rosinen mit heißem Wasser übergießen und abtropfen lassen. Die Feigen bzw. Aprikosen klein schneiden.

● Das Mehl in einer Schüssel mit dem Backpulver, dem Nelken- und Zimtpulver vermischen. Äpfel, Rosinen, Feigen und Mandeln untermischen und alles zu einem Teig verarbeiten.

● Eine Kastenform mit Butter fetten, den Teig einfüllen und ca. 1 Std. auf der unteren Schiene backen.

Das passt dazu Mango-Aufstrich mit Kiwi und Vanille (Seite 52).

Nährwerte pro Scheibe
120 kcal • 3 g E • 3 g F • 20 g KH

Basisches Kartoffel-Nuss-Brot

Basenwert: ★
für 2 Brote
⏱ 1 Std. + 30 Min. Backzeit

500 g Kartoffeln (mehligkochend) • 1 Würfel Hefe • 300 g Haselnüsse • 500 g Dinkelmehl • 1 TL Meersalz • weißer Pfeffer • frisch geriebene Muskatnuss • 1 Ei • 150 ml Milch-Wasser-Mischung (1:1)

● Die Kartoffeln gar kochen. 3 EL Kochwasser in eine kleine Schüssel geben und die Hefe darin auflösen. Die Kartoffeln pellen und zu Brei verarbeiten.

● Die Haselnüsse grob hacken und in einer Pfanne ohne Fett vorsichtig anrösten.

● Das Mehl mit der Hefe in eine Schüssel geben und mit den Gewürzen und Nüssen vermischen. Die Kartoffeln und das Ei dazugeben. Die Milch-Wasser-Mischung nach und nach zugeben und zu einem glatten Teig verkneten.

● Den Teig zugedeckt etwa 30 Min. gehen lassen, nochmals kneten, halbieren, zu länglichen Laiben formen und auf ein mit Backpapier belegtes Blech legen. Ca. 20. Min gehen lassen. Den Backofen auf 220 °C vorheizen. Die Brote auf mittlerer Schiene ca. 30 Min. backen.

Nährwerte pro Scheibe
135 kcal • 5 g E • 7 g F • 15 g KH

Kartoffel-Nuss-Brot

Schnelles Sojabrot

Basenwert: ★
(mit basischem Brotaufstrich)
für 1 Kastenform (ca. 15 Scheiben)
⊘ 1 Std. (mit Ruhezeit) + 1 Std. Backzeit

400 g Dinkelkörner (oder Dinkelmehl) • 100 g
Sojamehl • 1 Pck. Trockenhefe • 1 TL Meersalz •
½ TL Ingwerpulver (nach Geschmack) • 75 g
Sesam (oder Leinsamen) • 175 ml Sojamilch •
½ TL Agavendicksaft • 1 EL Sonnenblumenöl

● Dinkelkörner mahlen (ersatzweise Dinkelmehl). Mit Sojamehl und Trockenhefe
vermischen. Salz, Ingwer und Samen dazugeben.

● Sojamilch mit der gleichen Menge lauwarmem Wasser mischen. Mit dem Agavendicksaft und Öl zu den übrigen Zutaten
geben und mit den Knethaken gut verarbeiten. 20 bis 30 Min. an einem warmen Ort
gehen lassen.

● Eine Kastenform fetten, den Teig hineingeben und nochmals etwa 15 Min. gehen lassen. Ganz leicht mit etwas Wasser bestreichen. Backofen auf 180 °C vorheizen und das
Brot etwa 1 Std. backen.

Tipp Für Brot mit Sojamehl gilt die Regel: 1
Teil Sojamehl : 4 Teile Mehl.

Nährwerte pro Scheibe
155 kcal • 8 g E • 6 g F • 20 g KH

Kräuterfladen mit Tomaten und Oliven

Basenwert: ★
für 4 Fladen (8 Personen)
⊘ 1 Std.

500 g Weizenvollkornmehl • 1 Pck. Trockenhefe • 1 TL Meersalz • 200 g schwarze Oliven •
100 g getrocknete Tomaten • 2 Knoblauchzehen • 1 TL Oregano • 3–4 EL Olivenöl

● Das Mehl in eine Schüssel geben und die
Trockenhefe gut untermischen. Mit dem
Salz und 300 ml Wasser zu einem Teig verrühren. Etwa 30 Min. an einem warmen
Platz gehen lassen.

● Die Oliven und getrockneten Tomaten klein schneiden. Den Knoblauch abziehen und fein hacken. Oliven, Tomaten und
Knoblauch mit der Hälfte des Oregano in einer Schüssel vermischen.

● Den Backofen auf 220 °C vorheizen. Ein
Backblech mit Backpapier belegen. Den
Teig gut durchkneten und das Tomaten-Oliven-Gemisch unterheben. Vier Fladen formen und auf das Blech legen. Mit dem Olivenöl bestreichen und mit dem restlichen
Oregano bestreuen. Brote auf mittlerer
Schiene etwa 25 bis 30 Min. backen.

Nährwerte pro Person
370 kcal • 8 g E • 20 g F • 17 g KH

Bananen-Muffins fruchtig und fein

Basenwert: ★
(mit frischem Fruchtsaft oder Molkedrink)
für 12 Muffins
⊘ 35 Min.

90 g Rosinen • 200 g Mehl • 1½ TL Backpulver • ½ TL Natron • 1 EL Kakaopulver • ½ TL Zimtpulver • Muskatnuss • Salz • 1 Ei • 2 EL Agavendicksaft • 2–3 EL Melasse • 80 ml Sonnenblumenöl • 250 g Buttermilch • 2 sehr reife Bananen • 1 Möhre

● Rosinen mit kochendem Wasser übergießen und abtropfen lassen. In einer Schüssel die trockenen Zutaten vermischen. Backofen auf 180 °C vorheizen. Eine Muffinform mit Öl einpinseln und mit Mehl bestäuben.

● Das Ei verquirlen. Dicksaft, Melasse, Öl und Buttermilch dazugeben. Die Bananen schälen und zerdrücken. Die Möhre schälen und fein reiben. Beides mit den Rosinen unter das Eiergemisch rühren. Mit den trockenen Zutaten nur ganz kurz zu einem Teig vermischen.

● Den Teig in die Mulden der Muffinform füllen und 20 bis 25 Min. auf mittlerer Schiene backen. Fertige Muffins 5 Min. in der Form ruhen lassen, herausnehmen und abkühlen lassen.

Nährwerte pro Stück
200 kcal • 3 g E • 8 g F • 72 g KH

Zucchinikuchen mit Apfel

Basenwert: ★
für 1 Kastenform (ca. 12 Stück)
⊘ 15 Min. + 1 Std. 10 Min. Backzeit

500 g Zucchini • 400 g Äpfel • 1 Spritzer Zitronensaft • 2 Eier • 125 g Apfeldicksaft • Salz • 200 g Mehl • 1 TL Backpulver • ½ TL Natron • 1 TL Zimtpulver • 1 Msp. Bourbon-Vanille (Reformhaus) • 100 g Haselnüsse • Fett für die Form

● Zucchini waschen, putzen und fein raspeln. Äpfel schälen, entkernen und klein schneiden. Apfelstückchen sofort mit etwas Zitronensaft beträufeln.

● Den Backofen auf 175 °C vorheizen und eine Kastenform fetten.

● Die Eier mit dem Apfeldicksaft und 1 Prise Salz schaumig schlagen. Mehl, Backpulver und Natron vermischen und mit Zimt und Vanille unter die Eiermischung rühren. Geraspelte Zucchini und Haselnüsse dazugeben. Nach und nach die Äpfel dazugeben und unterrühren.

● Den Teig in die Form füllen und auf mittlerer Schiene etwa 70 Min. backen. Den Kuchen im ausgeschalteten Backofen noch 10 Min. ruhen lassen.

Nährwerte pro Stück
191 kcal • 4 g E • 15 g F • 28 g KH

Süße Buchweizenplätzchen ...

Basenwert: ★
(in Kombination mit der Zwetschgensauce)
für ca. 20 Stück
⊘ 15 Min.

3 EL Melasse • 100 g Butter • 200 g Buchweizenmehl • Salz • 3 EL gemahlene Mandeln

● Die Melasse in einem kleinen Topf leicht erwärmen und die Butter darin zerlassen.

● Das Mehl in eine Schüssel geben, die Melasse-Butter-Mischung und 1 Prise Salz dazugeben und die Zutaten zu einem glatten Teig verarbeiten. Die gemahlenen Mandeln unterheben. Bei Bedarf etwas warmes Wasser dazugeben.

● Den Teig mit einem Tuch abdecken und etwa 15 Min. ruhen lassen.

● Den Backofen auf 175 °C vorheizen. Teig noch einmal durchkneten und in etwa 20 Portionen teilen. Aus jeder Portion ein kleines Plätzchen formen. Ein Backblech mit Backpapier belegen und die Plätzchen darauflegen. Im Ofen auf der mittleren Schiene etwa 20 Min. backen.

Nährwerte pro Stück
85 kcal • 2 g E • 5 g F • 8 g KH

... mit Zwetschgensauce

Basenwert: ★★
für ca. 20 Plätzchen (oder 300 ml)
⊘ 15 Min.

300 g süße Zwetschgen • 2 EL Johannisbeersaft (ersatzweise Wasser) • 1 TL Puderzucker • ½ TL Zimt

● Die Zwetschgen waschen, halbieren und die Kerne entfernen.

● Zwetschgen, Johannisbeersaft, Puderzucker und Zimt in einen Topf geben, einmal aufkochen und bei schwacher Hitze 5 bis 6 Min. sanft kochen lassen.

● Die Sauce etwas abkühlen lassen, mit dem Pürierstab pürieren und zu den Buchweizenplätzchen servieren.

Nährwerte insgesamt
90 kcal • 1 g E • 0,5 g F • 19 g KH

Service

Zum Weiterlesen

Bierbach E (Hrsg.). **Naturheilpraxis heute.** Lehrbuch und Atlas. Urban & Fischer, München, 6. Aufl. 2019

Bircher-Rey H. **Wie ernähre ich mich richtig im Säuren-Basen-Gleichgewicht?** Humata, 15. Aufl.

Lohmann, M. **Die 50 besten Säure-Killer.** TRIAS Verlag, Stuttgart, 2. Aufl. 2019

Lohmann M. **Der Basen-Doktor.** TRIAS Verlag, Stuttgart, 3. Aufl. 2017

Lohmann M. **Detox für Eilige. Soforthilfe & Express-Rezepte.** TRIAS Verlag, Stuttgart, 2018

Lohmann M. **Laborwerte verstehen.** Mankau Verlag, Murnau, 6. Aufl. 2020

Lohmann M. **Natürlich abnehmen mit Schüßler Salzen.** TRIAS Verlag, Stuttgart, 2018

Lohmann M. **Gelenkschmerzen. Gelenkbeschwerden vorbeugen und richtig behandeln.** Nikol Verlag, Hamburg, 2019

Lohmann M. **Obst- und Gemüsesäfte für die Gesundheit.** Nikol Verlag, Hamburg, 2020

Lohmann M. **Einstieg in die Naturheilpraxis.** Urban & Fischer, München, 3. Aufl. 2006

Remer T, Manz F. **Potential renal acid load of foods and its influence on urine pH.** Journal of the American Dietetic Association, 1995, Volume 95, Number 7

Sander F. **Der Säure-Basen-Haushalt des menschlichen Organismus.** Hippokrates, Stuttgart, 1999

Van Limburg Stirum J. **Moderne Säure-Basen-Medizin.** Hippokrates, Stuttgart, 1999

Worlitschek **Säure-Basen-Haushalt: Grundlagen und Therapie.** Haug, Stuttgart, 8. Aufl. 2019

Stichwortverzeichnis

Rezeptverzeichnis

Nope

Der Säure-Basen-Wegweiser

Je mehr Sterne ein Rezept hat, desto wertvoller ist die Basenbilanz. Orientieren Sie sich bei der Wahl eines Rezeptes auch daran, ob Zutaten wie Obst und Gemüse gerade Saison haben (Saisonkalender, Seite 156).

★
- Amarant-Müsli mit Sultaninen und Kokos 50
- Ananassauerkraut mit Putenschnitzel 126
- Aprikosengratin mit Mandeln und Sesam 131
- Bananen-Muffins fruchtig und fein 145
- Bandnudeln mit Zander und Pfifferlingen 112
- Bärlauch-Kartoffel-Gnocchi 106
- Basisches Kartoffel-Nuss-Brot 142
- Basmati-Kokosreis mit Feigen und Rosinen 140
- Beeren-Crumble mit Joghurt-Sahne-Creme 134
- Blätterteig-Quiche mit Brokkoli 106
- Blaubeer-Pfannkuchen aus Dinkelmehl 139
- Buchweizen-Crêpes mit Spinat 96

- Buchweizenfrühstück mit frischen Früchten 49
- Bunter Salat mit knuspriger Hähnchenbrust 78
- Carpaccio vom Edelfisch 117
- Chicorée-Salat mit Apfel und Putenstreifen 84
- Crostini mit frischen Kräutertomaten 63
- Dim Sum – Lachs-Wirsing-Päckchen 111
- Erdbeeren auf Avocadocreme 136
- Fischcurry mit Gemüse und Kokosmilch 117
- Früchtepudding mit Mascarpone 141
- Frucht-Shake mit Erdbeeren und Maracuja 137
- Gebratener Loup de mer mit Kartoffeln 115
- Gegrilltes Steak mit Gemüsepäckchen 127

- Gemüseauflauf mit Blätterteigkruste 99
- Gemüsereis mit Hackfleisch 121
- Geröstete Sonnenblumencreme 64
- Gratinierte Soja-Spätzle 107
- Hähnchenschenkel mit Rosmarinkartoffeln 129
- Hirseauflauf mit Äpfeln und Vanille 132
- Hummus – arabisches Kichererbsenpüree 98
- Kabeljau mit Tomaten-Paprika-Reis 112
- Kalbsmedaillons mit Gorgonzola-Polenta 121
- Kartoffelpizza 99
- Kartoffelrösti mit Käsecreme 103
- Knackiger Rucolasalat mit Zitronendressing 78
- Knusperente mit Brokkoli und Sprossen 123
- Kokos-Pralinés mit Mandeln 132

Saisonkalender Obst

Saison heimischer Lebensmittel █
Lagerware heimischer Lebensmittel ▬   Importware ▬

Lebensmittel	JAN	FEB	MÄR	APR	MAI	JUN	JUL	AUG	SEP	OKT	NOV	DEZ
Ananas												
Äpfel	▰	▰	▰	▰	▰			AUG	SEP	OKT	NOV	
Apfelbananen												
Apfelsinen												
Aprikosen							JUL	AUG				
Bananen												
Birnen	▰							AUG	SEP	OKT	NOV	
Brombeeren							JUL	AUG	SEP			
Clementinen												
Cranberries												
Datteln												
Erdbeeren					MAI	JUN	JUL					
Granatäpfel												
Grapefruits												
Guaven												
Heidelbeeren							JUL	AUG				
Himbeeren						JUN	JUL	AUG	SEP			
Holunderbeeren									SEP	OKT		
Honigmelonen												
Johannisbeeren						JUN	JUL	AUG				
Kapstachelbeeren (Physalis)												
Khaki												
Kirschen						JUN	JUL	AUG				
Kiwis												
Kumquats												
Limetten												
Litchis												

Saison heimischer Lebensmittel
Lagerware heimischer Lebensmittel
Importware

Lebensmittel	JAN	FEB	MÄR	APR	MAI	JUN	JUL	AUG	SEP	OKT	NOV	DEZ
Mandarinen												
Mangos												
Maracujas												
Maronen												
Maulbeeren												
Mirabellen								AUG				
Nektarinen							JUL	AUG	SEP			
Orangen												
Pampelmusen												
Papayas												
Pfirsiche							JUL	AUG	SEP			
Pflaumen							JUL	AUG	SEP	OKT		
Preiselbeeren							JUL	AUG	SEP			
Quitten										OKT	NOV	
Rhabarber				APR	MAI	JUN						
Satsumas												
Sanddornbeeren									SEP	OKT	NOV	
Sharonfrucht												
Stachelbeeren						JUN	JUL					
Sternfrüchte												
Walnüsse										OKT	NOV	
Wassermelonen												
Weintrauben								AUG	SEP	OKT		
Zitronen												
Zwetschgen							JUL	AUG	SEP	OKT		

Saisonkalender Gemüse

Saison heimischer Lebensmittel ▮
Lagerware heimischer Lebensmittel ▮
Importware ▮

Lebensmittel	JAN	FEB	MÄR	APR	MAI	JUN	JUL	AUG	SEP	OKT	NOV	DEZ
Auberginen						JUN	JUL	AUG	SEP			
Austernpilze	JAN	FEB	MÄR	APR	MAI	JUN	JUL	AUG	SEP	OKT	NOV	DEZ
Avocados												
Blumenkohl / Romanesco					MAI	JUN	JUL	AUG	SEP	OKT		
Brokkoli					MAI	JUN	JUL	AUG	SEP	OKT	NOV	
Champignons	JAN	FEB	MÄR	APR	MAI	JUN	JUL	AUG	SEP	OKT	NOV	DEZ
Chicorée	JAN	FEB	MÄR							OKT	NOV	DEZ
Chinakohl	JAN	FEB	MÄR	APR	MAI	JUN	JUL	AUG	SEP	OKT	NOV	DEZ
Eichbergsalat / Eisbergsalat					MAI	JUN	JUL	AUG	SEP	OKT	NOV	
Endiviensalat					MAI	JUN	JUL	AUG	SEP			
Erbsen, frisch						JUN	JUL	AUG				
Feldsalat	JAN	FEB								OKT	NOV	DEZ
Fenchel						JUN	JUL	AUG	SEP	OKT		
Friseesalat							JUL	AUG	SEP	OKT	NOV	DEZ
Frühlingszwiebeln					MAI	JUN	JUL	AUG	SEP	OKT		
Grüne Bohnen					MAI	JUN	JUL	AUG	SEP	OKT		
Grünkohl	JAN	FEB									NOV	DEZ
Gurken						JUN	JUL	AUG	SEP	OKT		
Kartoffeln						JUN	JUL	AUG	SEP	OKT		
Knoblauch				APR	MAI	JUN						
Knollensellerie							JUL	AUG	SEP	OKT	NOV	
Kohlrabi					MAI	JUN	JUL	AUG	SEP	OKT	NOV	
Kopfsalat / Lollo rosso					MAI	JUN	JUL	AUG	SEP	OKT		
Kräuterseitlinge (Zuchtpilze)	JAN	FEB	MÄR	APR	MAI	JUN	JUL	AUG	SEP	OKT	NOV	DEZ
Kresse			MÄR	APR	MAI	JUN	JUL	AUG	SEP			
Kürbis									SEP	OKT	NOV	
Lauch	JAN	FEB	MÄR	APR							NOV	DEZ
Löwenzahn			MÄR	APR	MAI							
Mangold					MAI	JUN	JUL	AUG	SEP	OKT	NOV	DEZ
Meerrettich									SEP	OKT	NOV	

Saison heimischer Lebensmittel
Lagerware heimischer Lebensmittel   Importware

Lebensmittel	JAN	FEB	MÄR	APR	MAI	JUN	JUL	AUG	SEP	OKT	NOV	DEZ
Möhren						JUN	JUL	AUG	SEP	OKT		
Paksoi (Pak Choi)												
Paprika							JUL	AUG	SEP	OKT		
Pastinaken	JAN	FEB	MÄR						SEP	OKT	NOV	DEZ
Petersilienwurzel									SEP	OKT		
Pfifferlinge						JUN	JUL	AUG	SEP	OKT	NOV	
Portulak (Postelein)	JAN	FEB	MÄR	APR	MAI	JUN	JUL	AUG	SEP	OKT	NOV	DEZ
Radicchio							JUL	AUG	SEP	OKT		
Radieschen				APR	MAI	JUN	JUL	AUG	SEP	OKT		
Rettich					MAI	JUN	JUL	AUG	SEP	OKT	NOV	
Rote Bete	JAN	FEB	MÄR	APR	MAI	JUN	JUL	AUG	SEP	OKT	NOV	DEZ
Rotkohl	JAN	FEB				JUN	JUL	AUG	SEP	OKT	NOV	DEZ
Rucola				APR	MAI	JUN	JUL	AUG	SEP	OKT	NOV	
Sauerampfer					MAI	JUN	JUL	AUG				
Schwarzer Rettich	JAN	FEB							SEP	OKT	NOV	DEZ
Schwarzwurzel										OKT	NOV	DEZ
Shiitake												
Spinat				APR	MAI	JUN	JUL	AUG	SEP	OKT	NOV	
Spitzkohl					MAI	JUN	JUL	AUG	SEP	OKT	NOV	
Stangensellerie						JUN	JUL	AUG	SEP	OKT	NOV	
Steckrüben										OKT	NOV	
Steinpilze						JUN	JUL	AUG	SEP	OKT		
Süßkartoffeln												
Teltower Rübchen										OKT	NOV	DEZ
Tomaten							JUL	AUG	SEP	OKT		
Topinambur	JAN	FEB	MÄR							OKT	NOV	DEZ
Weißkohl / Wirsing	JAN	FEB	MÄR	APR	MAI	JUN	JUL	AUG	SEP	OKT	NOV	DEZ
Zucchini						JUN	JUL	AUG	SEP	OKT		
Zwiebeln							JUL	AUG	SEP	OKT		

Bibliografische Information der Deutschen Nationalbibliothek
Die Deutsche Nationalbibliothek verzeichnet diese Publikation in der Deutschen Nationalbibliografie; detaillierte bibliografische Daten sind im Internet über http://dnb.d-nb.de abrufbar.

Programmplanung: Uta Spieldiener
Redaktion und Projektmanagement: Annalena Müller
Bildredaktion: Christoph Frick, Caroline Merdian

Umschlaggestaltung und Layout:
CYCLUS · Visuelle Kommunikation, Stuttgart

Bildnachweis:
Umschlagfoto und Bild S. 3: Meike Bergmann, Berlin
Autorenfoto: Marek & Beier, München
Foodfotos: S. 4, 6, 8/9, 10, 17, 28, 32/33, 36, 39, 46: Rogge & Jankovic, Köln; alle weiteren: Meike Bergmann, Berlin

6. Auflage 2021

Printed in Germany

Satz und Repro: Fotosatz Buck, Kumhausen
Gesetzt in Adobe Indesign CS6
Druck: Westermann Druck Zwickau GmbH, Zwickau

Gedruckt auf chlorfrei gebleichtem Papier

ISBN 978-3-432-11217-6   1 2 3 4 5 6

Auch erhältlich als E-Book:
eISBN (ePub) 978-3-432-11218-3

Wichtiger Hinweis: Wie jede Wissenschaft ist die Medizin ständigen Entwicklungen unterworfen. Forschung und klinische Erfahrung erweitern unsere Erkenntnisse. Ganz besonders gilt das für die Behandlung und die medikamentöse Therapie. Bei allen in diesem Werk erwähnten Dosierungen oder Applikationen, bei Rezepten und Übungsanleitungen, bei Empfehlungen und Tipps dürfen Sie darauf vertrauen: Autoren, Herausgeber und Verlag haben große Sorgfalt darauf verwandt, dass diese Angaben dem Wissensstand bei Fertigstellung des Werkes entsprechen. Rezepte werden gekocht und ausprobiert. Übungen und Übungsreihen haben sich in der Praxis erfolgreich bewährt.

Eine Garantie kann jedoch nicht übernommen werden. Eine Haftung des Autors, des Verlags oder seiner Beauftragten für Personen-, Sach- oder Vermögensschäden ist ausgeschlossen.

Marken, geschäftliche Bezeichnungen oder Handelsnamen werden nicht in jedem Fall besonders kenntlich gemacht. Aus dem Fehlen eines solchen Hinweises kann nicht geschlossen werden, dass es sich um einen freien Handelsnamen handelt.

Das Werk, einschließlich aller seiner Teile, ist urheberrechtlich geschützt. Jede Verwendung außerhalb der engen Grenzen des Urheberrechtsgesetzes ist ohne Zustimmung des Verlages unzulässig und strafbar. Das gilt insbesondere für Vervielfältigungen, Übersetzungen, Mikroverfilmungen oder die Einspeicherung und Verarbeitung in elektronischen Systemen.

Wo datenschutzrechtlich erforderlich, wurden die Namen und weitere Daten von Personen redaktionell verändert (Tarnnamen). Dies ist grundsätzlich der Fall bei Patienten, ihren Angehörigen und Freunden, z.T. auch bei weiteren Personen, die z.B. in die Behandlung von Patienten eingebunden sind.

Liebe Leserin, lieber Leser,

hat Ihnen dieses Buch weitergeholfen? Für Anregungen, Kritik, aber auch für Lob sind wir offen. So können wir in Zukunft noch besser auf Ihre Wünsche eingehen. Schreiben Sie uns, denn Ihre Meinung zählt!

Ihr TRIAS Verlag

Kontakt:
kundenservice.thieme.de

Lektorat TRIAS Verlag
Postfach 30 05 04
70445 Stuttgart

Abonnieren Sie unsere Newsletter:
www.trias-verlag.de/newsletter

Besuchen Sie uns auf facebook
www.facebook.com/trias.tut.mir.gut

Besuchen Sie uns auf facebook
www.facebook.com/mama.mag.trias

Folgen Sie uns auf Instagram
www.instagram.com/trias_verlag

Lassen Sie sich inspirieren
www.pinterest.com/triasverlag